社会主义历史研究报告

（2023年）

华东师范大学当代文献史料中心

满永　主编

中国出版集团　东方出版中心

图书在版编目(CIP)数据

社会主义历史研究报告. 2023 年 / 满永主编.
上海 ： 东方出版中心，2024. 10. -- ISBN 978-7-5473
-2544-5

Ⅰ. D091. 6

中国国家版本馆 CIP 数据核字第 20246U29N7 号

社会主义历史研究报告(2023 年)

主　　编　满　永
策划编辑　王欢欢
责任编辑　沈旖婷
装帧设计　余佳佳

出 版 人　陈义望
出版发行　东方出版中心
地　　址　上海市仙霞路 345 号
邮政编码　200336
电　　话　021－62417400
印 刷 者　上海万卷印刷股份有限公司

开　　本　710mm×1000mm　1/16
印　　张　13.25
字　　数　150 千字
版　　次　2024 年 11 月第 1 版
印　　次　2024 年 11 月第 1 次印刷
定　　价　78.00 元

编者前言

在 20 世纪的世界历史进程中，社会主义运动的兴起与发展成为改变历史进程的关键性事件。社会主义运动的兴起，使一种源远流长的社会思潮从理想变为现实，并为人类社会的发展展示了又一种可能方向。在从理想成为现实的历史过程中，社会主义不仅重塑了世界政治格局，更重构了人们的思想观念与行为逻辑，20 世纪之后的历史也因此而变。

在 20 世纪社会主义运动影响所及的世界中，中国的变动尤为剧烈。20 世纪初期的中国，因为社会主义思潮的传入而改变了历史发展方向。半个世纪之后，中华人民共和国在社会主义的旗帜下诞生。中华人民共和国的成立，不仅带来了民族的独立和解放，更使有着数千年历史的中华文明进入了一个全新的发展时期。社会主义制度在中国的建立以及中国特色的社会主义道路的探索与实践，在重塑当代中国的社会形态并改变社会发展进程的同时，也丰富了社会主义的实践面向。

历史是现实的源泉。20 世纪中国的社会主义实践，既构成世界社会主义运动史的组成部分，更形塑了现实中国的发展之路以及社会生活。社会主义之于中国，既是历史亦是现实。在当下的中国，无论理解社会现实还是展望未来之路，都离不开对作为历史与现实同在的社会主义及其实践的回望。而回望历史，既需要丰富的史料支撑，更需要前瞻的学术意识。因为 20 世纪中国与世界的社会主义历史实践纷繁复杂，前所未见。跌宕起伏的历史过程在留下浩如烟海的文献史料并成为学术研究基础的同时，也为学术研究带来了挑战。

为了搜集并整理社会主义文献史料以推进社会主义历史的学术化研究，华东师范大学于 2014 年成立了当代文献史料中心。当代文献史料中心自成立以来，即以中国当代民间文献史料、社会主义国家历史文献史料以及中国周边国家历史文献史料的搜集、整理为主要工作方向，以服务于社会主义历史的学术研究与教学为基本宗旨。

史料的搜集与整理虽为历史研究提供了基础，但如果缺少适当的史料解读方法和前瞻性的学术意识，史料仍然无法得到有效利用。为此，2020 年 6 月，当代文献史料中心并入社会主义历史与文献研究院，以更好地推进史料搜集整理和学术研究利用的融合。也是从当年开始，当代文献史料中心依托中心及社研院的学术研究团队开始定期举办"当代文献史料沙龙"，以期从理论方法和实践利用等层面探索当代文献史料学建设的可能路径。在此基础上，为了更有针对性地服务文献史料的解读和利用，中心又从 2023 年起开始编辑《社会主义历史研究动态》电子辑刊及年度《社会主义历史研究报告》。其中《社会主义历史研究动态》主要以追踪并即时反映海内外社会主义历史研究的前沿学术资讯为要旨，《社会主义历史研究报告》则是在编辑《社会主义历史研究动态》的基础之上，介绍并评析海内外学界的年度社会主义历史研究前沿热点和学术进展。《社会主义历史研究报告(2023年)》即是对2023年度海内外学界关于社会主义历史研究学术热点和进展的介绍。

　　《社会主义历史研究报告》的编者,主要为社会主义历史与文献研究院和当代文献史料中心的专职学术及文献研究人员。各篇分报告的初稿均由分报告的责任者独立完成,主编负责全部报告的统稿和定稿。受语言条件所限,《社会主义历史研究报告》分析介绍的海外学术前沿信息主要以英语和俄语成果为主,暂未涉及其他语种的成果。同时受限于编辑团队的精力和学识,《社会主义历史研究报告》分析介绍的海内外学术前沿成果,难免存在挂一漏万之处,对年度学术热点的分析介绍也多为编写团队的主观之见,未必能够准确反映成果的原意。

　　以上问题和不足,概由主编负责。我们也恳切期待学界同仁能不吝赐教,以使《社会主义历史研究报告》在不断提升编写质量的基础上更好地服务于社会主义历史的学术研究。

2024年10月

目　录

下篇　专题报告

上篇　主题报告

2023 年度中共党史研究报告[①]

王中颖

新民主主义时期的中国历史是一个复杂和动荡的时期，涉及革命斗争、社会变革以及国内外政治经济的广泛互动。在这个复杂多变的历史互动过程中，中国共产党领导与推动的革命活动，无疑是这个时代的历史主线。新民主主义革命史也因此成为中共党史研究的核心内容，是历年中共党史研究的重点关注的学术领域，2023 年亦不例外。有鉴于此，同时也为了彰显与新中国史和改革开放史研究各有侧重的特点，本年度的中共党史研究报告关注的内容主要以新民主主义革命史研究为主，尽管如此，受学识和精力所限，报告对年度党史研究状况的梳理仍难免挂一漏万，甚至出现重大的遗漏。报告对所涉及文章内容的概括和评述也肯定有不够准确、完整甚至曲解之处，在恳请作者及同行方家批评指正的同时，亦请有意了解报告

① 本报告所涉及的中共党史研究内容主要以 1921 年中国共产党成立至 1949 年中华人民共和国成立的时段为主，同时由于理论与方法研究和人物研究均有单独的报告，故本报告所及仅为围绕具体问题的党史研究，不包括理论与方法以及人物研究。

所涉及文章内容的研究者,仍以参照原文为准。

一、中共创建与大革命史研究

近年来,"新革命史"成为中共党史研究领域广受关注的学术研究进路,在此影响下,中共党史研究的学术视野不断得以拓展。在本年的研究中,程森就结合核心与边缘的理论从地理学视角探讨了中国革命的历史进路。程文将地理学的视角引入中国革命史研究,通过对地域差异性和核心与边缘概念的分析,为中国革命史研究提供了新的解释框架。在程文看来,区域不平衡问题关系到革命活动开展的空间选择,核心与边缘问题事关革命根据地的空间选址;波浪式推进则是中共革命势力推进的空间模式。中共革命过程中对这三个地理问题的认识不统一,以及错误认识的长期流行,是革命道路经历种种挫折与失败的诱因之一。程文的研究,为理解革命根据地的选取、革命力量的空间分布以及地理环境对革命活动的影响等问题,提供了新的思考方向。① 不过程文的讨论并非全无争议。何志明对陕南地区在川陕苏区发展中政治功能定位的研究,就挑战了地理因素对革命塑造的影响。何志明发现,陕南地区虽然因为四省通衢和高山环绕的地理特点成为传统战争时代的战略要地,但在红四方面军转战中并未成为其立志经营之地。陕南从传统战争下的"宠儿"到近代战争下的"弃婴"的转变,不是不同时代背景下地缘因素作用的差别,而是战争模式的改变影响了其对地理环境的要求。②

---

① 程森:《中共革命的三个地理问题(1921—1945)》,《苏区研究》2023 年第 4 期。
② 何志明:《"川""陕"之间:川陕苏区发展历程中陕南的政治功能定位》,《苏区研究》2023 年第 6 期。

　　中国现代史上的民族主义运动、社会动员和记忆构建的研究关注多聚焦于证词比对或史实原委考订，一定程度上遮蔽了关键性事件步入公众视野的过程。韩启云通过对 1919 年五四运动期间及其后社会各界对"火烧赵家楼"事件认识与记忆的分析，讨论了影响事件历史认知的多维视角。韩文以新闻报道、官方文件、个人回忆等史料为基础，并结合历史学、社会学和文化研究的理论与方法，深入探讨了一个具体事件如何在不同时间段内被不同的社会群体以不同的方式理解、记忆和传播的过程。通过对"火烧赵家楼"事件及其引发的社会反响的细致剖析，韩文展现了百年五四运动接受史的多重交错。①

　　既往学界对于布尔什维克主义在中国传播的研究常聚焦于李大钊、陈独秀、瞿秋白等早期共产主义者，周月峰则探讨了张东荪在社会主义论战前后对布尔什维克主义的态度和看法的变化，以及这一变化背后的原因和意图。张东荪的言论和行动，揭示了他对布尔什维克主义的复杂态度，即从最初的恐惧到后来的推崇，再到最终的批判和反思。周文专注于张东荪这一特定人物的思想演变，提供了对于布尔什维克主义在中国传播影响研究的另类视角。周文不仅分析了张东荪的思想变化，还考察了这种变化背后的多重因素，如社会背景、政治立场，以及与其他思想家的互动等。这种综合分析方法有助于全面理解社会主义思想在中国早期传播的复杂性，特别是揭示了个体如何在接受外来思想时进行本土化转化和批判性思考的过程。②

---

　　①　韩启云：《关于"火烧赵家楼"事件的再认识》，《中共党史研究》2023 年第 3 期。

　　②　周月峰：《社会主义论战前后张东荪与布尔什维克主义的合离》，《社会科学研究》2023 年第 3 期。

早期马克思主义者和早期中国共产党人的理论和思想转变一直是学界关注的热点。五四运动与中共创立时期,是旧民主主义革命向新民主主义革命发展的转折年代。俞祖华概括了早期中国共产党人根据时势变换对其核心话语进行调适的过程:从"中产阶级主其事"的"中等社会革命""法国式革命"到"多数国民"参与或者说以民众为主力的"国民革命""俄罗斯式革命";从辛亥革命、二次革命等政治革命转向新文化运动初期的思想革命,再从"反对孔教"的思想革命转向"打倒列强除军阀"的政治革命;从民主主义革命转向主张"即行社会主义",到中共"二大"前后认识到目前"仅能行向国民革命"即民主主义革命的过程。俞文揭示了中国共产党在这些革命过程中的角色和策略,以及它们对于构建现代中国国家和社会的贡献。① 在中国共产党成立前后的社会主义思想传播过程中,既往研究强调了来自日本的影响。祁建民指出,中国早期社会主义者在唯物史观的认识上与日本社会主义者存在显著差异。日本社会主义者的历史唯物主义带有进化论和机械论色彩,倾向于认为"革命尚早";而中国早期社会主义者则迫切希望解救民族危亡,积极投身革命实践,认为历史阶段可以跳跃式发展、生产关系具有反作用、只有经过上层建筑革命才能保证经济基础等。中国早期社会主义者对社会进化与阶级斗争、物质与精神、革命与发展等辩证关系的把握,为中国共产党的成立打下了科学理论基础。②

在中国共产党的成立以及早期发展的历史过程中,上海有着举足轻重的影响力。邬国义在本年的研究中考证了《共产党宣言》中

① 俞祖华:《中国共产党创立前后"革命"话语的转换与传播》,《天津社会科学》2023 年第 2 期。

② 祁建民:《中国共产党成立前后的中日唯物史观比较》,《近代史研究》2023 年第 5 期。

文全译本的诞生地。邬文根据《新青年》杂志上的广告以及历史文献、回忆录等其他相关史料，认为又新印刷所实际上位于成裕里 7 号而非成裕里 12 号。在还原史实的同时，邬文从社会历史的角度分析了又新印刷所的经营情况和社会影响。① 程曦敏通过对 1925 年 8 月 29 日中共上海区委下发的文件《上海区委通告枢字第二号——介绍同志入党及入党仪式问题》的研究，发现该文件中包含了入党仪式的详细流程和入党誓词。这一发现推前了已知的中共入党誓词形成时间，证明了 1925 年的上海版入党誓词是目前已知最早的版本。程文进一步探讨了上海版入党誓词的产生背景，包括中共在大发展时期面临的党员质量问题、对党员教育训练的加强，以及中共中央与上海地方组织的密切联系等。② 姜楠和忻平以中央机关前后三次迁离与迁回上海为依据，将 1921—1933 年中共中央在上海驻扎的时期划分为四个阶段，探讨了上海独特的城市空间与中共中央长期开展工作的关系，以及这种关系如何影响了中国革命运动的发展，为理解中国共产党早期的战略选择和革命活动提供了新的分析视角。③

　　20 世纪 20 年代的国民革命是中国共产党成立伊始就投入其中的首场大规模革命运动，对中共发展以及中国革命历史进程的变化都产生了深远的历史影响，因而受到了学界的持续关注。在本年的研究中，葛静波通过深入分析"民族革命"与"社会革命"的关系与次序问题及其调整，展示了这一理论如何成为国共两党合作的思想基础，以及对中国政治和思想发展进程产生的影响。葛文认为，"世界

---

　　① 邬国义：《成裕里 7 号：〈共产党宣言〉中文全译本的诞生地新考》，《学术月刊》2023 年第 10 期。

　　② 程曦敏：《中国共产党最早入党誓词考析》，《中共党史研究》2023 年第 5 期。

　　③ 姜楠、忻平：《中共中央驻沪时间考》，《史林》2023 年第 2 期。

革命"理论在中国的实践,揭示了中共如何通过理论创新应对国内外的复杂形势,展现了中国共产党的理论适应性与创新性。① 李志毓考察了五四新知识女性在革命潮流中接受国民意识启蒙的过程。文章认为,这些女性经历了"自我"的创伤和"解放"的失落,在实践中认识到根本改造中国社会的必要性,由追求个体解放转向投身阶级革命和民族解放斗争。新知识女性的革命实践与主体成长,反映了"五四"新青年对于新生活、新人格的不懈求索,代表着新的历史主体与文化价值形成的过程。这为我们理解和评价中国革命及现代化进程中的性别政治提供了重要视角,促使学者更加关注中国特有的历史背景和文化传统对性别角色和主体意识形成的影响。②

马建标和陆祯严探讨了 1922 至 1927 年的非基督教运动,揭示了该运动背后的国际竞争和意识形态对抗等因素。文章指出,这一时期的非基督教运动不仅仅是一场反对基督教的思想文化运动,更是在华盛顿会议后共产国际与帝国主义列强在青年运动领域政治对抗的一部分。这场运动涉及了青年共产国际和基督教青年会的国际竞争,实质上是美国资本主义与苏联列宁主义之间的意识形态对抗。③

中国共产党和中国社会主义青年团的成立与五四运动之间有着十分密切的关系。在五四时期学生社团的组织支撑问题上,沈志刚以阮啸仙为切入点,详细考察了五四时期学生领导者如何从组织学生社团的实践困境中逐步走向马克思主义,以及在新民主主义革命

---

① 葛静波:《20 世纪 20 年代"世界革命"理论的中国化实践:"民族革命"与"社会革命"》,《人文杂志》2023 年第 5 期。

② 李志毓:《自我与革命:二十世纪二十年代中国新知识女性的主体意识转向》,《中共党史研究》2023 年第 5 期。

③ 马建标、陆祯严:《国际竞争的中国回响:1920 年代的非基督教运动再探》,《社会科学研究》2023 年第 4 期。

时期,中国共产党如何领导学生外围组织的历程和经验。阮啸仙通过督促团员研读机关刊物进行思想政策教育,通过"组织生活"解构个人主义强化团员的组织联结和组织认同,遵照《团章》规定厉行惩处净化组织队伍,塑造和强化团员的纪律观念等措施,促进了青年团员从"五四时代"向"组织时代"的转型。沈文通过对不同地区、不同时间点的中国社会主义青年团活动和影响的考察以及青年团发展历程和挑战的分析,展现了一个多层面、多角度的分析框架,为研究中国共产党早期历史、青年运动以及五四运动后知识分子向马克思主义转变的历史过程提供了新的思路。①

中共早期领导工运成功的原因,传统解释多认为是中共对工人进行了成功的阶级意识灌输,使深受压迫的工人因此提高了阶级觉悟并接受了中共的领导,但是类似研究显然忽略了工人阶级内部的差异性以及革命工作的复杂性和艰巨性。王淼华通过分析安源工人运动的发展、成就以及最终的失败,揭示了地方权力结构与中共工运策略之间的密切关系。1923 年"二七"惨案后,中共调整策略,在劳资关系、政治压力和社会动员方面做出了妥协和改变,而这些策略也影响了安源工人运动的走向。中共在早期工人运动中展现的策略灵活性,体现在其与地方势力的合作以及劳资关系调整的妥协上。这种策略的灵活性和实际操作的复杂性为理解中共早期的工运策略与实践提供了新的视角。② 在本年的另一篇文章中,王淼华讨论了中共成立初期如何面对工人阶级内部分层的问题。中共在宣传中将企业职员视为"资本家的走狗"并加以打击,但在实践中采取了既联合又

---

① 沈志刚:《青年团早期"布尔什维克化"的本土尝试——阮啸仙与团二大以后广东青年团的组织整顿》,《中共党史研究》2023 年第 1 期。

② 王淼华:《地方权力格局与中共安源工运的起伏》,《开放时代》2023 年第 2 期。

限制的策略来加强革命力量,这有助于中共赢得工人阶级的拥护和支持,推进工人运动。王文对建党初期中共对企业职员角色认知及其策略的探讨,着重分析了职员和工人之间的关系,以及中共如何通过对这两个阶层采取不同策略来推进其政治目标,揭示了中共在工人运动中的策略灵活性。正是这种策略的灵活性,为中共在复杂的社会环境中逐步建立自己的影响力和领导地位提供了助力。①

在中国共产党早期发展过程中,如何提升党员的纪律性与战斗力成为亟须解决的问题。许良通过对早期中共党、团内部训练方式的提出、设计构想、实践过程以及广东地方实践过程的论述,揭示了中共早期党内训练的复杂性和冲突性,以及它在中共组织发展和革命实践中的重要作用。中共内部训练方式的提出与实践,经历了在形势的复杂变化中不断尝试、优化与调整的过程。经过这样的过程,中共实现了训练工作与不同层级成员间的相互契合,这揭示了中央政策与地方实践之间的动态互动,促进了对中共党内训练机制发展的全面理解。②

二、土地革命史研究

第一次国共合作破裂后,以瞿秋白为首的中共中央在苏俄工农群众革命理论影响下,开始奉行以工农群众武装暴动为核心的革命策略。梁晨晖和黄文治认为,1927—1928 年中共陕西党团组织对中

---

① 王淼华:《建党初期中共对企业职员的认知与策略》,《党史研究与教学》2023 年第 4 期。

② 许良:《中共党内训练方式的提出与实践——以广东党、团组织为考察中心(1921—1926)》,《苏区研究》2023 年第 2 期。

央暴动路线在陕西的执行,经历了从党团联合动员争取农民,到是否立即暴动的党团争论,再到党被动选择激进暴动策略的演变过程。这一过程既彰显了陕西党团组织在暴动问题上的认识分歧与张力,也体现出中共"工农暴动"革命策略的探索与"试错"。党对团的一元化领导是中国共产党重要组织原则之一。虽然中央反"机会主义"与暴动战略易引起党团关系紧张,但地方党团组织和革命精英在践行中央革命理念过程中,充分体现出外部政策与在地因素的糅合,这些为日后中共开启武装斗争和武装割据道路积累了宝贵经验。① 同样发生在陕西的渭华起义,是大革命失败后中共陕西省委按照中央总方针举行的一次武装暴动。黄正林通过综合使用 1927 年至 1928 年形成的原始文献和 20 世纪 80 年代收集的口述资料,讨论了渭华起义研究中的几个关键问题,包括起义的时间、领导,以及所涉及的组织和政策等。通过系统性的梳理和分析,黄文指出渭华起义虽然建立了苏维埃,但大部分村苏维埃政府有名无实,暴动中的"烧杀政策"导致渭华起义失败后,绝大多数参加过暴动的农民及家庭都遭受严重的打击。②

在八七会议后的全国总暴动中,湖南地区的革命暴动因为与后来形成的中央革命根据有着前后相继的关系,受到了学界的广泛关注。贾牧耕通过对 1927 至 1928 年间中共在湖南地区革命实践的研究发现,中共在湖南地区的革命实践出现了两条路径:一是中央政策与地方实际相结合下的策略转变;二是毛泽东、朱德和贺龙等人基于革命实际情况的自主探索。贾文指出,湖南革命两条进路,

① 梁晨晖、黄文治:《从"党团联合"到"党团博弈":中共陕西暴动局面的生成(1927—1928)》,《史林》2023 年第 2 期。

② 黄正林:《中共革命、农民运动与渭华起义研究》,《清华大学学报(哲学社会科学版)》2023 年第 4 期。

既展示了中共在特定历史条件下通过地方实践与中央指导的互动探索中国革命道路的过程,也为学界理解中共早期革命策略的转变、革命根据地的形成以及"农村包围城市"战略的发展提供了新的视角。①

毛泽东领导秋收起义和朱德领导湘南暴动时,都不约而同地打出"工农革命军"的旗帜,鲜明地揭示出新型人民军队的性质。安源工人阶级的汇入,不仅为朱毛红军增添了工人阶级成分,更使其成为名副其实的"工农革命军"。蒋建农揭示了安源工人在红军早期形成和发展过程中发挥的关键作用。相较于以往的研究更多集中在工人运动本身,蒋文更多聚焦于安源工人参与红军建设的历程。文章详细描述了安源工人在红军的不同阶段所作出的贡献,包括对红军的兵力补充、物资支持,特别是安源工人对于红军政治基础——党的领导、人民军队的宗旨,以及军民关系等方面的重要影响。蒋文认为,安源路矿工人运动不仅直接促进了朱毛红军的建设和壮大,还为军队和地方政权培育了大量的军政人才,这些人才在后续的革命活动中发挥了重要作用。②

关于土地革命战争时期的中国共产党领导的反"围剿"斗争,学界已有较多讨论。金冲及本年的研究探讨了中央红军第四次反"围剿"斗争的历史背景、过程及其重要性,旨在纠正一些史学著作中对此事件的误解或片面理解。金文通过详细考察蒋介石日记、毛泽东及周恩来军事文集和其他第一手资料,对第四次反"围剿"的策略、过程及其成果进行了全面分析,深化了人们对中央红军在极其困难的

---

① 贾牧耕:《地方因应与分途同归:中共湖南暴动的演进研究(1927—1928)》,《开放时代》2023 年第 2 期。

② 蒋建农:《安源路矿工人与朱毛红军的创建和发展》,《中共党史研究》2023 年第 5 期。

条件下仍能取得胜利的原因和意义的理解,强调了在革命和军事斗争中,正确的战略指导和决策的决定性作用。①

　　土地革命战争时期的中共在走向农村的过程中,也开辟了众多的革命根据地。徐进在本年的研究中指出,这些革命根据地的形成有着深厚的经济因素考量。徐文指出,红四军转战赣南、闽西的过程,就是为了平衡根据地的兵源和财源问题。在分析了经济因素如何影响军事行动和战略选择后,徐文认为,毛泽东和其他领导人创造性地将经济逻辑应用于军事行动和苏区战略中,为苏维埃革命的中国化奠定了基础。②

　　江西苏维埃时期毛泽东开展的农村调查,对中国共产党农村革命政策的形成有着关键性影响。张玉莲和唐庆红指出,毛泽东《寻乌调查》中有关地主及其剥削情况的剖析,为明晰革命话语下的"地主"提供了弥足珍贵的史料与观察点。调查关于寻乌公共地主的细致描述,及其与遂川等赣西南地区民间文献中描绘的公田构成与运行的相似性,为人们呈现了赣西南乡村社会的运行实态。而从"公田"到"公共地主"的转变,也凸显了苏维埃早期土地革命实践里中共革命理念到革命机制的建构过程,是理解中共土地革命逻辑的重要一环。而"公田"在现实社会、革命文本、民间文献三重维度观照下呈现的认识张力,又为理解中共革命运行的复杂、多面性打开了一扇窗。③

　　大革命失败后中共不得不将城市革命工作转入地下。李里发现,中共白区组织的受挫并不完全是白区政策路线的失误与国民党

---

① 金冲及:《论中央红军第四次反"围剿"斗争》,《中共党史研究》2023 年第 5 期。

② 徐进:《星星之火,何以燎原:经济逻辑与红四军发展方向的抉择(1928—1930)》,《安徽史学》2023 年第 3 期。

③ 张玉莲、唐庆红:《"公共地主"与赣西南乡村社会——〈寻乌调查〉与民间文献的比较》,《中共党史研究》2023 年第 3 期。

白色恐怖的打压所致。白区干部保健体系的缺失使白区党组织成员面临巨大的疾患威胁,产生了隐形的组织损耗。党员的疾患状态不仅在组织中造成效率降低、运作紊乱,而且在党内产生悲观消极情绪。由于缺乏成熟的党内保健体系,白区党组织仅能通过辅助党员党外就医、通过社会关系扩大就医渠道等方式应对党员病痛。这不仅无法全面系统地处理党内疾患,又减弱了党组织对党员的控制力。结果是党内医疗保健体系的短板极大地限制了白区党组织的组织效力。① 中共白区组织的运作困境在地下机关设置的反复变动中也有体现。大革命失败后的中共先是借鉴公开机关的组织经验,尝试通过租赁房屋的方式来设置地下机关,并由地下机关负责群众工作。在无法降低风险与成本的压力下,中共又尝试推行机关群众化,以党员、群众的家庭及公共场所代替租赁房屋。但在"左"倾关门主义的政策影响下,局限于地下的群众工作也使机关群众化的尝试收效甚微。最终中共不得不通过精简机关和以秘密工作与公开工作相分离的方式推动了地下组织的转型。② 翁有为以河北省委的运作为例,讨论了白区革命环境中的省委工作机制。翁文梳理了河北省委的成立、调整与演变过程,以及省委如何通过特定机制和制度制定政策、规则并将其付诸实施。经由这些研究,翁文揭示了中共如何在国民党统治区域内秘密运作,以及这些活动如何影响了中国的政治格局,加深了对党的组织原则和运作模式的理解,特别是在敌占区如何维持和扩展影响力的策略。③

---

① 李里:《中共白区党员的疾患境况及组织影响(1927—1935)》,《中共党史研究》2023年第1期。

② 李里:《中国共产党地下机关设置的调适(1927—1937)》,《历史研究》2023年第2期。

③ 翁有为:《中共白区河北省委运作探析》,《清华大学学报(哲学社会科学版)》2023年第4期。

在以往的研究中,工农教育史往往内嵌于革命史叙事之中,工农教育与农工运动革命浪潮相辅相成。冯淼聚焦基督教女青年会1928年建立的工人夜校,通过分析夜校如何融合女青年会内部的进步主义力量和城市中隐匿的左翼革命文化力量,以及夜校教师和学生之间的互动,揭示了女工夜校在劳动者教育和意识形态培养方面的重要作用。冯文利用了大量的档案材料、回忆录以及公共出版物,如邓裕志(Cora Deng)的口述采访记录等,关照到了具体的历史人物(如朱冰如的经历)和事件,探讨了女工夜校的教育实践和其在女工生活中的具体影响,挑战了传统历史叙述中对女性贡献的忽视或低估,也显示了教育如何被用作政治工具,以及在社会动荡时期教育对于塑造公民意识和社会态度的重要性。①

中共在长征过程中突破了以往民族工作中的阶级意识,把联络和争取上层人物作为民族统战工作的一个重要方面。赵峥采用历史学与民族学的方法,依托丰富的历史文献、档案资料和报刊材料,重构了"彝海结盟"事件的历史场景,即党的高层干部如何与少数民族上层人物订立各种政治或军事同盟的过程。"彝海结盟"对当代中国民族关系和国家构建产生了深远影响,尤其是彝族在中国民族国家政治结构中的身份认定和变化。中共在这一过程中,基于唯物史观和阶级斗争等视角对凉山彝族社会形成的相关认识,也逐渐演化为改造边疆地方社会的原则和方略,从而为若干年后在这一地区开启更深层次的社会政治变革埋下了伏笔。②

1932年6月北方会议后,中共北方党的"布尔什维克化"进程加

①　冯淼:《革命与圣火:女工夜校与20世纪30年代上海的劳工教育》,《妇女研究论丛》2023年第2期。

②　赵峥:《"彝海结盟"与长征前后中国共产党对彝族认知的演变》,《安徽史学》2023年第4期。

速推进,1933 年创刊的中共河北省委机关报《火线》的办报历程,反映了这一历史过程。张蓝天通过深入分析《火线》的发行背景、内容变迁及其在政治、组织、思想方面的具体实践,探讨了在共产国际和中共中央指导下,河北省委如何通过党报实现布尔什维克化的目标。张文以党报为研究窗口,分析了报刊在党的理论、策略、组织建设中的作用。张文指出,《火线》在 1933 至 1936 年的发展历程,折射出苏维埃革命时期"布尔什维克化"目标指向在地方党的报章实践、组织转型和政策调适上与整体中共革命史的关联。①

三、抗日战争史研究

抗日战争史是近些年来中共党史研究的学术热点。李金铮指出,自然生态环境决定了中共根据地建立和发展的基本形态,也决定了军事战术、经济结构的基本形态。能否有效利用自然资源并改造自然环境,是中共根据地能否确立并逐渐成长的基础。在这个过程中,中共对自然环境的认知和利用也时有偏差。如地道战的开辟就缺少对防毒设备的准备,这就弱化甚至抵消了环境的积极意义。②地理空间在影响军事战略选择的同时,也会被政治战略的选择所塑造。李雷波发现,"华中"作为近代中西学术文化互动中出现的新区域概念,最初主要是在"从域外看中国"视野下对长江南北各省的模糊指称。随着抗战时期中共"发展华中"战略的出台,"华中"概念不仅被全面引入机构命名,区域认知与界定也逐渐加深。战争通过组

---

① 张蓝天:《"布尔什维克化":北方会议后地方党报〈火线〉的转型》,《党史研究与教学》2023 年第 3 期。

② 李金铮:《中共抗战的生态环境解释》,《抗日战争研究》2023 年第 3 期。

织建制对区域概念的重塑，推动了建制意义上的"华中"概念的形成。战场形势的瞬息万变以及中共敌后抗战区域空间拓展的需要，又使"华中"在战略层面不断突破区域建制的局限，从建制意义上的概念趋向地理意义上的概念，为新形势下的敌后抗战提供了伸缩空间。解放战争时期，随着战争形势演进，建制意义上的"华中"不断跳出其固有区域范围，进一步向地理意义上的"华中"靠近。这种概念与建制间的双向互动进程，共同塑造了新中国成立之初的"华中"区域概念，以及华东、中南两大行政区的地方建制格局。①

　　抗日根据地的生存和发展，一直是学界研究的热点。在经济问题上，钟钦武和郑成林聚焦于中国近代货币本位制度的论争及其演进，特别是在山东抗日根据地进行的货币斗争，探讨了中共北海币信用建设、查禁日伪钞券、排除国民党法币和清理土杂币的策略与效果，以及这一过程对于民众信任和政权公信力的影响。文章不仅分析了货币政策的静态结构，还探讨了其在战时环境下的动态变化，特别是币值稳定性与政权公信力之间的相互作用。② 郝平和安旺旺探讨了山西省榆社县实施减租减息政策，以及这一政策对当地社会结构和民众生活的影响。文章指出，中共通过持续动员广大民众、改造问题地主、整改干部队伍、纠正"过火"行为等措施，以及在政策执行和问题处理上注重民主协商，兼顾各方权益，有效地维护了抗日民族统一战线。③

　　在民众教育上，罗迪通过分析 1940 年和 1944 年晋西北地区举

---

① 李雷波：《抗战时期中国共产党对"华中"区域概念的建构》，《历史研究》2023 年第 1 期。

② 钟钦武、郑成林：《"禁伪"：山东抗日根据地货币斗争再探》，《山东社会科学》2023 年第 2 期。

③ 郝平、安旺旺：《山西榆社县减租减息推行中的困境与应对》，《安徽史学》2023 年第 5 期。

办的冬学，讨论了识字教育作为一种社会实践，如何植根于具体的社会文化环境中。文章突破了既往将识字教育仅作为国家建设和民族进步工具的观点，转而关注识字如何影响个人生活以及被个人日常生活和人际关系反向影响的多重面相。文章指出，农村妇女通过识字，重塑了其与亲朋、邻里及根据地政府的多维关系，既获得了相对的文化自信，也体验了识字给日常生活的革命造成的影响。①

王燕通过分析包括命名、表彰和区分妇女"劳动"，对妇女的"劳动"进行调查统计和记分制等组织技术，探讨了性别与劳动之间的关系。文章指出，中国共产党借助组织技术将"劳动"从马克思主义的核心概念转化为农村妇女的日常实践，既达成了"妇女顶大事"的成就，也增进了家庭情感，推动了邻里互助，构建了新型组织，走通了一条创建新社会之路。② 把增强通过分析抗战勤务的政策演变、执行中的问题与应对措施，以及最终的成效，揭示了在艰苦环境下，晋察冀根据地如何动员和组织人民群众参与抗战勤务，支持抗日战争的历史。文章指出，中共的勤务政策强调了广大人民群众特别是妇女群体在抗战勤务中的贡献，并通过不断的政策调整和问题矫正，提高了抗战勤务工作的效率和效果。③

冯小红和刘子元探讨了全面抗战时期太行山地区的村庄管理组织隐藏的"隐性经济职能"。文章指出，这些村庄组织在田房交易、田房确权、物件交易和处理经济纠纷等方面发挥了重要作用。这些活动原本由乡绅和地主阶级掌管，1942 年后逐渐转移到由贫雇农和中

---

① 罗迪：《关注过程：妇女识字教育研究的视角转换——以 1940 年和 1944 年晋西北冬学为例》，《妇女研究论丛》2023 年第 3 期。

② 王燕：《"妇女顶大事"：大生产运动中妇女"劳动"的组织技术》，《妇女研究论丛》2023 年第 6 期。

③ 把增强：《硝烟背后：晋察冀抗日根据地抗战勤务之演进及其成效》，《史学月刊》2023 年第 6 期。

农组成的农民手中。这种转变体现了乡村社会从国民党统治向共产党领导的政治转变,展示了乡村治理从传统乡绅向农民阶级转移的过程和影响,有助于理解中国共产党在基层治理中的创新和实践,以及如何逐渐在农村地区建立影响力的过程。①

王富聪依托大量未公开的档案资料,梳理了中共如何渗透和争取伪军伪警的过程。王文通过华北根据地的具体案例,分析了中共如何利用地缘优势、社会经济联系等进行组织渗透和人员争取的过程,展现了这一历史时期中共灵活多变的策略和方法。此外,王文还探讨了制度性因素如何影响伪军伪警工作的成效,有助于增强对中共内部组织能力和制度建设的理解。②

新四军成为近年来中共抗战史研究的重要学术增长点。在本年的研究中,李雷波通过具体历史事件和人物,分析了抗战背景下共产党如何在苏南地区通过各种策略,包括统一战线、地方武装的重组与合作、地下组织的建设,以及与地方知名人士和社会团体的联合等推动地方抗日的过程。李文特别通过强学曾部队的例子,探讨了地方武装领导人的政治立场、行动逻辑及其与共产党的关系等,展示了个体在历史进程中的重要作用。③ 闵海霖和曹景文讨论了 1941 年华中抗日民主根据地进入最困难时期后,中共如何通过调整军事战略方针与部队建设方向,借助"精兵简政"的政策将部分主力部队编入地方武装的过程。主力部队的地方化既增强了地方部队的实力,也与当地民众建立起了紧密的联系,共同肩负起坚守根据地的任务,从而

---

① 冯小红、刘子元:《华北抗日根据地村庄管理组织的隐性经济职能——以太行山文书为中心》,《民国档案》2023 年第 2 期。

② 王富聪:《抗战时期中共对沦陷城市伪军伪警的争取工作——以华北根据地党委城工部门为中心的考察》,《江海学刊》2023 年第 3 期。

③ 李雷波:《秩序的重建:抗战前期江南东路的民众武装、地方党组织与新四军》,《近代史研究》2023 年第 2 期。

使主力部队得以灵活机动地执行战略任务。在战略反攻阶段来临之际,新四军主力部队地方化又为其提供了大批训练有素的干部与兵源。实践证明,新四军的主力地方化在巩固和坚持华中抗日根据地中起着重要的作用。①

宋弘通过个案研究与理论分析相结合的方式,展示了中共推动干部军事化的过程与成效。宋对干部军事化问题的研究,不仅关注了干部个人的成长和变化,也考察了其对整个战争进程的影响,突出了军事化过程中政治理念的重要性。宋文认为,干部军事化不仅是干部军事训练和战斗能力的提升,更重要的是要实现了军事指导下的政治目标,展示了中共如何将军事力量转化为政治力量努力。②谢敏讨论了抗战初期中国共产党军队与地方党组织协同合作的问题。文章指出,两者间的合作,为中共积极扩军和建立根据地以及后来的敌后游击战奠定了坚实的基础。不过军队的"军事主义"倾向与地方党组织的"地方性"难免扞格,军地关系有一个相互磨合的过程。随着根据地困难局面的来临,地方党组织对军(分)区和地方武装的领导得到加强。不过地方党组织实际所能直接领导的大多是基层、不脱离生产的武装。对于脱离生产的正规武装,尤其涉及军事作战层面,仍主要由主力军队负责。到抗战后期,随着党的一元化领导体制的确立,地方党组织的权威亦因之得以凸显。但在主力军队活动区域,一元化领导中心一般由军队的干部担任。地方党组织负责人担任一元化领导中心的情况在县区及以下才较为普遍。中国共产党的军地关系存在着制度与实际的张力,却并未张弛无度。根本之处

---

① 闵海霖、曹景文:《1941—1943 年新四军主力部队地方化问题探析》,《安徽史学》2023 年第 2 期。

② 宋弘:《才兼文武:全面抗战时期中共在华北的干部军事化》,《抗日战争研究》2023 年第 1 期。

在于,中国共产党将军地关系问题转换成了党军关系问题。主力部队由军队党组织直接控制,地方武装接受地方党组织政治领导,军队党组织、地方党组织最终都受中共中央领导。在如臂使指的党组织结构中,军地问题得到了妥善解决。①

赵丽分析了抗战时期的中共如何通过文书加强政治领导和信息互动。文章发现,抗战时期的中共通过改革组织结构和管理方式,如设立秘书处和交通网络等来提高文书的传递效率。文书不仅用于指导和统一行动,还具有教育动员的功能。赵文还讨论了全面抗战初期文书运作面临的信息阻塞挑战,如文书形成和传递的困难,以及在分割的根据地间实现快速信息流通的需求,并特别指出了电报的使用对于提高军队协同作战的重要影响。② 刘本森探讨了抗战时期铁道游击队的历史和活动,关注了它们在 1938 年到 1945 年间的三个主要任务:搞情报、武装斗争以及护送干部。刘文详细回顾了铁道游击队从一个秘密情报站发展到铁道游击队的过程,指出了铁道游击队的主要任务并不是作战,而是保护交通线并护送干部通过敌人封锁的全过程,只是关键性的任务在后来回忆中被有意无意地忽略。③

张全之和金智贤围绕毛泽东在延安文艺座谈会上的讲话及其与鲁迅纪念仪式的关联,探讨了这段历史文本如何与鲁迅的思想和仪式话语相互作用,以及这一互动如何服务于当时的政治和文化目的。文章特别强调了毛泽东讲话的发布时间和背景,以及讲话内容对鲁

---

① 谢敏:《抗战时期中国共产党军队与地方党组织的关系》,《近代史研究》2023 年第 6 期。

② 赵丽:《信息互动:中共华北根据地文书运作实态(1937—1945 年)》,《档案学通讯》2023 年第 4 期。

③ 刘本森:《情报、斗争与护送:抗战时期铁道游击队活动考实》,《山东师范大学学报(社会科学版)》2023 年第 4 期。

迅作品的引用和解读,显示出中共对鲁迅作为民族文化符号的战略性利用,展示了文学作品和文学人物如何被政治力量利用来达成特定的政治和文化目标,为文学与政治关系的研究提供了参考。① 宋弘从士兵与家庭的通信和见面联系两个方面,讨论了中共在战争时期采取的一系列政策和措施,包括加强信件审查、组织家庭教育、促进士兵和家属之间的健康联系等,以及这些措施如何既考虑到了战斗力的维持,也兼顾了人的情感需求,体现了中共对战士人性化需求的重视。② 周良书和柴玉振梳理了赖传珠日记中整风学习和批评的记录,指出"学习"与"反省"是新四军高层整风中最重要的两个环节。在改造学习方面,其主要途径是"阅读"和"听课"。在检讨反省方面,新四军党员干部不仅要有"反省"和"自我批评",而且还要求借助党内同志的"外力",即通过"相互批评"和"反省报告"的方式,来剖析并纠正个人缺点及错误思想。赖传珠日记呈现出的新四军整风节奏、方法以及人物之间的互动,既勾勒出新四军整风运动的场景概貌,也补充了这一历史事件的许多细节。③

抗战时期的国共关系是抗战史研究的重要问题之一。在本年的研究中,柳德军讨论了国共两党在甘肃陇东地区的合作与冲突。文章以抗战时期国共两党在甘肃陇东地区的纠纷为契点,以甘肃省档案馆馆藏的"陇东问题"档案为依托,从国共两党的互动文电中追寻陇东事件的动态过程,分析了中共之所以能在陇东边区扎根和发展,其原因不仅在于国民党地方政府的沉暮及其行政人员

---

① 张全之、金智贤:《〈在延安文艺座谈会上的讲话〉中的鲁迅》,《学术月刊》2023 年第 9 期。

② 宋弘:《思乡:战时华北根据地士兵的家庭观念(1937—1949)》,《开放时代》2023 年第 2 期。

③ 周良书、柴玉振:《日记里的新四军整风——以〈赖传珠将军日记〉为观察中心》,《安徽史学》2023 年第 1 期。

的萎靡,更重要的是中共有着明确的奋斗目标,坚定的抗战理念,八路军的有力协助,以及一大批忠诚而优秀的基层党员干部深入农村。① 陈红民通过分析蒋介石日记和其他历史文献,探讨了蒋介石对中共日益增长的力量及其与美国接触所持的担忧与应对策略。文章既关注蒋介石与中共的互动,还特别强调了美国的角色及其如何影响中国内政和国共关系的发展,揭示了政治决策过程的复杂性和多变性。②

抗战时期知识分子尤其是青年学生思想变化,对中共的发展壮大有着重要影响。刘洁通过武汉大学学生杨静远的个案分析,探讨了知识群体在抗战后期急剧的政治思想转向过程和原因。刘文通过杨静远的日记及其他相关资料,分析了战争和中共地下组织活动对学生思想的影响,考察了代际冲突、个人经历与时代变迁之间的相互作用,展现了抗战期间知识青年思想转变的复杂性,显示了个人如何在特定历史时期作出思想上的重大抉择,探讨了影响这种抉择背后的社会、文化和政治因素。③

胡永恒将法律研究与社会历史背景相结合,探讨了在延安边区的特定社会环境下。法律实践中的"情理断案"和调解方式如何适应并影响社会发展。文章通过具体案例的分析,分析了边区婚姻法制的实践问题和解决方案,展现了司法制度如何根据地区的具体情况进行调整和优化的过程。文章同时对边区社会中的婚姻纠纷处理,特别是女性在法律实践中的地位和角色进行了考察,体现了对边

① 柳德军:《国共关系视域下中共在甘肃陇东边区的成长》,《安徽史学》2023年第 2 期。

② 陈红民:《抗战后期蒋介石对美国与中国共产党接触的忧惧和破坏——以〈蒋介石日记〉为中心的考察》,《中共党史研究》2023 年第 1 期。

③ 刘洁:《抗战期间大学生政治思想转变研究:以武汉大学学生杨静远为例》,《中国现代文学研究丛刊》2023 年第 2 期。

缘群体权益保护的关注。文章对延安边区司法实践中"简约治理"模式的概括,为理解中国特定社会历史背景下的法律与社会关系提供了新视角。①

四、解放战争史研究

1945 年日本战败投降后,东北接收成为国共两党历史走向的分水岭。解鸿宇在比较了国共两党的东北接收方案及其政策实践后指出,国民党"武主文从"的组织特点及以技术官僚为主体的接收组织机制,使其在表面上更重视经济基础的同时,却忽略了东北的工业遗产背后有一个接近于军管的统治秩序。国民党的组织原则因为不具备延续这种统治经济的手段,以致在后期战事紧迫后,以城市为中心的接收不可避免地出现了军事挤兑经济恢复空间的现象,加速了国民党接收计划的失败。反之,北撤至农村的共产党,看似与日据时代最重要的工业体系擦肩而过,却在北部以土地改革开启的农村经济建设和政治动员中抓住了东北以农补工的制度遗产核心。由此,中共在东北接收中也创设了由北向南打通城乡关系以及先安顿好农村再走向城市的格局,并在此过程中克服了长期存在于土地改革与作战中的本位主义倾向,实现了政权在区域内的统一领导。以此折射出两个政党关于建设中国方案的差异。与国民党接收东北的路径相反,接管城市是中共接收方案中最早放弃也是最后实现的计划。中共在接收东北过程中的特殊创设在于由北向南打通了城乡关系,即先安顿好农村再走向城市,并在此过程中克服了长期

---

① 胡永恒:《情理断案、调解与简约治理——以陕甘宁边区的婚姻司法为中心》,《华中师范大学学报(人文社会科学版)》2023 年第 3 期。

存在于土地改革与作战中的本位主义倾向,实现了政权在区域内的统一领导。①

段振华和彭敦文探讨了国共两党在战后惩奸舆论引导方面的不同策略和方法,特别指出了两党在惩奸过程中对"法治性"和"人民性"的不同侧重。文章指出,共产党强调的人民性在实践层面并不排斥法治因素,而国民党强调的法治性在实践层面亦有包含人民因素,双方均提及肃清汉奸思想等共同点。从舆论引导的效果来看,共产党注重对各民主势力和人民群众意见的吸收,与公众互动频繁,效果历历可见;国民党较为重视专家学者的意见,着意宣导与战后惩奸有关的司法改革等主张。②

从抗日战争时期至解放战争时期,华北地区都是中共最为重要的战略后方基地,巨大的战争消耗也成为华北根据地财政建设的难题。李增增和田彤分析了太行区在特定历史背景下的财政困难、劳力短缺、工农关系的复杂性,以及实施"薪给工资所得税"的背景、过程和演变。文章指出,晋冀鲁豫边区政府为了平衡工农矛盾出台的"薪给工资所得税",虽然克服了制度上的缺陷,却由于工薪税与平津税制产生的冲突引起了混乱。最后在战争结束、农民归籍后被宣布停征。③ 李金铮突破了单一根据地或解放区的内向分析,讨论了各解放区之间的跨区域经济互动和联系。李文指出,华北各根据地、解放区的"外部"经济关系,并不限于对敌斗争,也在友邻

① 解鸿宇:《工业遗产与地缘政治中的"东北接收"(1945—1948 年)对国共两党组织体制的比较分析》,《社会》2023 年第 2 期。

② 段振华、彭敦文:《国共两党对战后惩奸活动的舆论引导(1944—1946年)——基于〈新华日报〉〈中央日报〉等的分析》,《福建论坛(人文社会科学版)》2023年第 4 期。

③ 李增增、田彤:《解放战争时期太行区征收"薪给工资所得税"的尝试》,《学术月刊》2023 年第 2 期。

区之间进行。这种跨区之间的经济联系,在货币流通领域主要表现为异地兑换、异地通汇、边沿区兑换所和"混合市场"、异地流通等四个类型。①

李玉蓉研究了 1949 年前后中国共产党对石家庄大兴纱厂资本性质的认识变化及其实际操作中的策略转变,尤其是在接管初期对资本性质的重新评估和最终决定将大兴纱厂资本发还给私人资方的过程。文章指出,中国共产党在区分不同私人资本性质和最终确定大兴纱厂并非官僚资本后,自 1948 年即开始筹备将大兴纱厂发还资方并计划实行公私合营。但公私代表正式协商开始后,双方均转向完全发还自营,并进一步聚焦于资金核算及交接问题。1949 年 8 月至 11 月,公私双方代表紧锣密鼓又跌宕起伏的谈判交接过程,成为中华人民共和国成立前后宏大历史幕布中的生动影像。大兴纱厂发还私营的案例,不仅展示出公私双方在资本问题上的互动与博弈过程,也体现中国共产党在城市解放、工厂接管、工商业发展等政策与实践之间的张力与调适。②

土地改革既是中共重塑农村社会的重要政治实践,也是中共展现政治理念的重要舞台。中共推动知识分子参与土改就是为了发挥土改的政治舞台效应。安劭凡探讨了知识分子在北京郊区土地改革中的角色、态度、行动以及这些行动对他们自身思想的影响。文章在呈现历史事实的同时,还分析了参与土地改革的知识分子的心理状态和思想转变,揭示了知识分子在社会变革中的复杂定位和心理演变。文章指出,尽管多数知识分子通过旁观、叙述与践行等不同层次

① 李金铮:《跨区磨合:华北根据地、解放区之间的本币关系》,《开放时代》2023 年第 1 期。
② 李玉蓉:《从公营到私营:1949 年前后中国共产党发还大兴纱厂研究》,《近代史研究》2023 年第 5 期。

的土改参与,努力实践"知识分子工农化"的要求,但资产阶级或地主阶级的出身还是他们始终无法摆脱的身份标签。这使他们的思想改造成为充满张力、永无止境的过程。①

---

① 安劭凡:《旁观、叙述与践行:1949 年前后京郊农村与知识分子群像》,《南国学术》2023 年第 3 期。

2023 年度新中国史研究报告

岳 伟 田 蕊

本文是 2023 年度新中国史研究主要学术成果的回顾。本年度共发表相关论文 150 余篇，出版著作 10 余部。笔者以至少具有新方法、新观点、新史料三者之一为选择标准，从中选取 50 余种，汇集成文。受限于学力与视野，对相关文章或著作的搜集、选取难免有遗漏，对其内容、观点的概述亦可能出现曲解、讹误，以上文责均由笔者自负。

本年度的新中国史研究，呈现出以下特点：一是接续以往研究热点，如央地关系、农村社会改造、三线建设等。虽然学界对这些问题已有较充分的讨论，研究者们仍找到新角度切入，如有文章以财权归属的重划来分析央地之间的财政税收变化，有学者从负面典型塑造着眼，探讨其在乡村政治变动中的影响，有研究关注到建筑如何被塑造成一种精神符号，在三线建设中发挥重要作用。这些成果为如何在学术热点中发掘新的研究方向提供了有益的参考。二是以往未曾进入当代史研究视野的事物、技术或群体成为考察对象，如有学者通过盐汽水来讨论现代化思潮和苏联体制对工人阶级的双重影响，有文章考察精神预防性无痛分娩法在中国的传播和发展过程,探讨中苏关系中政治与科学的复杂性。以上研究显示冷门或小众的对象并非没有研究价值,关键在于如何构筑微观与宏观之间的通道,以小见大。

一、社会主义革命史研究

1949 年中共新政权成立伊始,就发生了严重的财政危机。有关财政危机产生的原因,既往讨论大多聚焦于印钞、留用旧人员、征粮收税等因素。黄柘淞注意到,这场财政和物价危机在 1950 年 3 月统一财经工作之后即戛然而止,因此应围绕这一时间节点来分析前后的因素变化。作者认为这场财政危机在财政体制上的原因是央地之间事责财权的不对等,公粮、税收等主要财权归属地方,而供养野战军等主要事责却由中央负担,中央财政只能通过印钞来增加收入。统一财经工作最主要的内容,是重新划分央地之间的财权归属,使中央财政分得全国财政收入的大部分,同时缩减供给人员编制,停办缓办地方事业,节约了大量财政开支,并将开源目光由农村公粮转向城市税收,提高工商业税的征收强度,成为支持财政收支平衡的关键力量。[①]

在研究中国当代科技史时,学者们更多关注高精尖的科学项目或大型技术工程,对日常生活中的科技及其物质载体研究较少。姚靓从科技史与物质文化史相结合的视角,考察了盐汽水的研发、生产和消费过程。20 世纪 50 年代初期,盐汽水从苏联引入中国。中国生

---

① 黄柘淞:《1949 年前后新政权的财政危机及其应对》,《福建师范大学学报(哲学社会科学版)》2023 年第 6 期。

理学家对水盐平衡理论及盐汽水的防暑机制作了研究和试验。各地厂矿企业结合自身条件开始生产和供应盐汽水。1956 年,盐汽水被纳入防暑降温防护产品。作者认为,盐汽水的研究、生产和制度化,体现了现代化思潮和苏联体制的双重影响。在物资匮乏的条件下,盐汽水使工人的日常生活变得更为现代。同时,盐汽水作为厂矿工人的特殊福利,成为工人阶级的一种身份标签,使其带有鲜明的社会主义色彩。[①]

1950 年启动的淮河治理工程,在建设之初即陷入功效不高的困局。为破解困局,淮委在各工地普遍开展了劳动竞赛。葛玲发现,民工参与劳动竞赛的动机始终是物质奖励,而实践中的劳动竞赛往往蜕变为体力比拼,这偏离了淮委技术创新与劳力组合优化的设想。作者认为,这种异变"既是经费投入与劳力需求矛盾无法克服的结果,也是治淮工地的流动性使然"。劳动竞赛作为一种特殊的政治动员手段,需要借助相对固定的场景中的劳动氛围来塑造、激发劳动者的情感认同,而工期短暂、人员变动频繁的治淮工地是一个流动的场景,劳动竞赛的动员示范效应会大打折扣。因此,在工农业生产中普遍实行的"劳动政治"在水利工地这个流动社会中,无法发挥有效的作用,其情感激励对民工的影响远不如物质激励。[②]

既往研究已注意到中国计划经济的不彻底性和矛盾性,但多是宏观层面的观察与判断。赵晋以上海火柴工业为研究对象,从中观层面的行业和微观层面的企业角度,探讨了中共建政初期实施计划管理的成效、问题与影响。作者认为,即便进入"完整形态计划经济

---

① 姚靓:《新中国的饮料革新:盐汽水与工厂劳动福利》,《史林》2023 年第 5 期。

② 葛玲:《流动社会中的劳动政治——1950 年代治淮工地上的劳动竞赛》,《安徽史学》2023 年第 4 期。

阶段"，火柴的产销仍旧是遵循经济原则和市场逻辑的，火柴的生产过剩与产销矛盾，是产业布局和地方利益导致的。实行计划经济，还会出现产销矛盾，是由于制度安排与政策设计之间存在张力，政策导向往往会影响制度安排的周密性，这正是计划经济难以彻底实施的原因。①

典型塑造是中共实施政治动员的重要手段，也受到了学界的普遍关注。满永认为，就政治动员的效果而言，反面典型的督促并不亚于正面典型的激励，因此同样值得讨论。1954 年开始的落后乡村改造，是为数不多聚焦于反面典型的政治运动。中共中央界定的落后乡是指土改运动中有成分漏划、组织不纯等现象的乡，政策指向为土改补课。但在改造实践中，现实的政治态度和行为，成为基层判定"落后"与否的关键，进而呈现出"落后"日常化的倾向。基于日常行为的身份重定打破了土改后阶级成分固化的认知，影响了农民在后续乡村政治变动中态度表达与行为选择。由于落后乡的认定是个动态的过程，区乡基层干部几乎都被卷入其中，其影响普遍而持久，因此，落后乡改造就溢出了土改范畴，"成为基层推动工作的日常化机制"。②

对于中华人民共和国成立初期的农村扫盲运动，既有研究认为其除了促使农民实现"文化翻身"外，还是一个构建政治认同的政治规训过程。孟强伟、贾沛韬考察了 1949 年至 1966 年的福建农村扫盲运动，发现这场运动是围绕各个时期的中心工作而曲折发展的。20 世纪 50 年代中期的农业合作化运动使发展集体生产，做好分配成

---

① 赵晋：《走向计划：新中国轻工业的路径转变——以 1950 年代上海火柴业产销变动为中心的考察》，《社会科学研究》2023 年第 5 期。

② 满永：《落后的日常化：20 世纪 50 年代中期的落后乡改造》，《广东党史与文献研究》2023 年第 2 期。

为农民的基本任务，为保障其在合作社中的利益，识字的需求随之产生。"大跃进"运动使革命口号深入到扫盲运动中。"四清"运动中，毛泽东著作又成为学习的核心内容。在此过程中，文化诉苦、组建民间教师队伍、自办民校等具体措施的实行使社会主义进入农民的日常生活。这些革命实践诠释了认同新中国、识字脱盲、革命等社会主义意涵，意在塑造农民对新政权的政治认同。①

学界对于20世纪50年代农业密植的研究，多将其视为"大跃进"的表现和造成农业减产的重要原因，同时还存在将密植视为个别地区所创，来源于农民生产实际的误解。訾夏威认为，中共建政后对密植的强调，主要受苏联影响，正是在苏联农业专家的建议下，急于提高单产的中国开始大规模推广密植。他考察了杭州市络麻密植经验的推广过程，发现个体农民出于经济收益及劳动力投入等因素，对密植大都抱有抵触态度。农业合作化之后，农民的生产自主权被削弱，难以决定种植密度，政府则更为看重产量的增长，而忽视肥料、人力等资源的投入，在实践中过分强调密植，往往会突破合理的限度，出现"愈密愈好"的趋向，这种倾向为农业"大跃进"的出现埋下了伏笔。②

何志明对20世纪50年代初期川北通江县的政权建设进行了个案研究。何文通过考察建政过程中基层干部的成长与转型轨迹，指出新区干部群体呈现出一个共同的发展与转型趋向，即干部地方化。这个趋向包含两个内容：一是南下干部地方化，二是乡村干部本土化。作者指出，学界以往更关注南下干部罔顾本地利益的"异质化"

---

① 孟强伟、贾沛韬：《福建农村扫盲运动考察（1949—1966）》，《中共党史研究》2023年第2期。

② 訾夏威：《新中国成立初期密植经验的形成及推广——以杭州市络麻种植为例》，《中国农史》2023年第3期。

一面,忽视了其为顺利开展工作而尽力融入当地社会之"同质化"的一面。而乡村干部本土化则是在南下干部主导下,将乡村边缘群体提拔为骨干人物的过程。中共建政初期开展的一系列政治运动,使这些基层干部受到技能训练、思想熏陶与组织惩戒,一旦国家政策与本土利益发生冲突,他们中的大多数人会毫不犹豫地执行国家政策。以此观之,"这种干部地方化趋向,又体现了强烈的国家依附特征"。①

学界对中共剿匪的研究,主要关注内陆地区。叶君剑以渔业问题为切入点,将浙南沿海的剿匪斗争与地方社会经济联系起来。海洋渔业生产环境与沿海渔民生活环境在相当程度上是分离的,中华人民共和国成立初期,浙南沿海地区的渔民处在生活环境的"解放"与生产环境"未解放"的矛盾境况中。因渔业生产流动性高,渔民在一定程度上脱离了中共在陆地上建立的治理体系。海匪根据形势变化,对渔民采取既打压又拉拢的策略,渔民与海匪之间的关系一度非常复杂,拖延了当地的社会改造进程。直至 1955 年剿匪斗争结束后,中共才在渔区开展民主改革补课,并再度镇压反革命,整顿渔业合作社。浙南沿海地区剿匪斗争与渔业改造的复杂性,折射出沿海社会治理的困难。②

"三反""五反"是中共建政之初实施的两项关系密切的大规模政治运动,既有研究在讨论运动的领导机制时,多强调了毛泽东的决策作用,忽视了其他中央领导在运动实施中的角色与分工。郑维伟认为,中央领导集体在"三反""五反"运动的决策、组织、动员过程中,形成了一套不同于常规但能有效应对政治运动不确定性的领导机制。

---

① 何志明:《为政之要,惟在得人:川北通江县的政权建设研究(1950—1956)》,北京:当代中国出版社,2023 年。

② 叶君剑:《新中国成立初期浙南沿海的剿匪斗争》,《安徽史学》2023 年第 3 期。

在这个机制中,毛泽东是运动的最高决策者和指导者,掌握运动节奏,处理意外情况;周恩来负责组建领导机构,形成政策,同时对运动进行监测预警,力求其理性可控;薄一波、彭真、李富春、罗瑞卿等人担任运动的前线指挥,向毛泽东、周恩来等汇报情况,提出建议,并负责落实政策,协调各方。①

请示报告制度是中国共产党在解放战争时期旨在加强集中领导能力的一项重要制度,学界既往的研究多聚焦于制度的建立过程,而较少关注微观层面的制度运行。在本年的研究中,王芳考察了上海地区请示报告制度的建立与运行情况,认为地方请示报告制度的确立并非一蹴而就,而是随着"条"(中央政府的职能部门及其延伸机构)、"块"(地方党委及政府)关系的变化,依时依事依地逐步形成与完善的。在上海地区,军管接收阶段是请示报告制度建立的雏形时期,以垂直管理的政府系统为主,同党组织处于相对分离的状态。进入管理与改造阶段后,党政关系逐步调整,上海市通过健全请示报告制度,加强了市委、区委的集中领导能力。1953 年后,经济建设成为工作重心,对基层单位的把控也成为必须,请示报告制度随之在基层被强调。请示报告制度的发展过程反映了中共的"集中领导从中央到地方并逐渐向基层深入的过程"。②

医疗卫生史素为新中国史研究的热点话题,本年亦不例外。这些研究大多关注国家政治动员能力、政权形象塑造等问题。王璐璐指出,新中国初期的公共卫生治理,经历了一个由"非常"到"日常"的转化过程。作者在考察黔南民族地区从反"细菌战"的非常规防御转

---

① 郑维伟:《"三反""五反"运动中的中央领导机制》,《中共党史研究》2023 年第 5 期。

② 王芳:《"条""块"关系视野下请示报告制度在上海的确立与运行(1949—1953)》,《党史研究与教学》2023 年第 5 期。

向常规性的公共卫生运动的过程之后，发现以反"细菌战"为核心的公共卫生治理，带有明显的应急性特征，但由此引发的宣传动员与组织引导，使民众的参与度大幅提高，加之国家有意识地促进公共卫生治理的程序化建设，得以将卫生运动嵌入民众的日常生活。伴随国家权力的下移，带有现代性色彩的公共卫生理念，逐渐内化为当地居民日常生活的一部分。但这种以运动推动公共卫生治理的方式，始终存在难以持续的问题，制约了少数民族地区公共卫生意识的觉醒、存续与发展。① 王颖考察了苏联精神预防性无痛分娩法在中国的传播过程后发现，无痛分娩的推广并未随中苏关系的破裂而终止。巴甫洛夫理论被融入针灸、针刺法中，成为"祖国医学"的不具名注解。作为无痛分娩的辅助手段，针刺止痛法被推广到剖宫产领域。医学界借助巴甫洛夫学说发展"祖国医学"，彰显了医疗从业人员的策略性及有限的科学自主性。政治并未完全穿透医学，处于社会主义医学秩序中的专业医护人员将无痛分娩的政治推进转化为科学叙事和实践，而阶级和民族叙事又与科学叙事交织、碰撞，产生冲突和张力，呈现出国家政权建设的动态历史过程。②

刘亚娟以新中国成立初期高等学校抽调干部入学为研究对象，考察了调干生入学政策，以及这一群体的内部差异。她发现，调干于 1952 年起走向规模化、制度化，开始在全国范围内抽调干部入学。作者认为，在高校持续性扩招以及应届高中生入不敷出的背景下，调干生成为重要的补充生源。高校在招收环节对调干生中的工农成分执行有差异的优待政策，是中共培育工农知识分子的又一次尝试。高

---

①　王璐璐：《"非常"与"日常"：新中国初期黔南民族地区的公共卫生治理》，《河北师范大学学报（哲学社会科学版）》2023 年第 1 期。

②　王颖：《以人民性为中心的科学实践：20 世纪 50 年代精神预防性无痛分娩法在中国》，《社会》2023 年第 1 期。

校在招收调干生实践中始终试图兼顾现实需求与意识形态需要,因此调干生不能简单理解为高校向工农开门的产物。在生源供求关系不稳定、政治生态易变的背景下,调干生入学政策不时调整,在执行层面亦出现波动。这种变动背后,是阶级路线与高等教育培养机制之间的角力,前者在明,更易被发现,"而后者虽隐而不彰却持续地发挥着效力"。①

对于中国革命中的妇女劳动生产问题,已有研究多引入劳动性别分工视角,观察到中共建政使原有性别分工具有的性别隔离和性别不平等得以改变,但对于这一改变如何展开并演变为新的分工形态,未有深入研究。张华、颜衡考察了重庆璧山的妇女劳动,发现其在性别分工框架内经过三个不同时期的变化。土改之后,妇女劳动在原有分工基础上有所扩展,互助组时期突破到水稻生产边缘,合作化时期则渗透到水稻生产的核心环节,逐步改变男性负责水田劳动而妇女只能进行旱地劳作的"男田女土"格局,形成"男女共耕"的面貌。作者认为,新的制度、技术、观念等要素不断突破、调整、修正原有的劳动性别分工,落实男女平等的意识形态诉求。其中技术革新和推广,对妇女突破原有性别分工起到了关键性作用,同时制度、政策、工作策略的配合,为技术影响的实现提供了保障。可以说劳动性别分工的不断变化是整个社会变革的产物。②

既有研究在论述 20 世纪 50 年代的台湾问题时,多根据相关史料所呈现的美国与"台湾当局"的关切点来分析中国大陆的决策和行动。姚昱认为,这一视角不足以展现中国大陆决策和行动的内在逻

---

① 刘亚娟:《高等学校招收调干生的历史考察(1949—1965)》,《历史教学问题》2023 年第 2 期。

② 张华、颜衡:《生计、技术与妇女解放:合作化前后重庆璧山劳动性别分工嬗变》,《妇女研究论丛》2023 年第 5 期。

辑与特点。作者指出,探究 20 世纪 50 年代中国在台海地区不断采取军事行动的原因,必须重视经济因素。中国当时面临着国民党军意图扼杀东南沿海经济活力,东南沿海经济的恢复和发展急需削减军事开支等挑战。从经济层面看,中国人民解放军的军事行动在很大程度上是为解除国民党军对大陆经济的封锁,保卫东南沿海经济而实施的防御性行动。为保证经济建设的顺利进行和东南沿海得到稳定发展的安全环境,中国领导人谨慎地控制了军事行动的规模及步骤,使 1950 年至 1958 年东南沿海的经济得以恢复和发展。[①] 郭本意利用《蒋介石日记》、台北"国史馆"所藏相关资料,从"台湾当局"的视角考察了 1958 年的炮击金门事件。作者认为,炮击金门客观上帮助蒋介石抵制了美国"两个中国"的阴谋。"台湾当局"利用金门炮战获得了一定的军事、政治利益,事实上将台湾外岛纳入了美台"共同防御体系"之中。[②]

学界关于中华人民共和国解决华侨双重国籍的研究,或着眼总体政策演变,或关注东南亚国家的华侨。谷继坤发现,早在 1950 年,中蒙之间就已围绕旅蒙华侨问题进行沟通交涉,并引申出旅蒙华侨的双重国籍问题,在此过程中,中国同蒙古确立了解决该问题的若干原则。如凡加入蒙古籍的中国人,其中国国籍不予保留以及居外华侨国籍以自由选择为原则等,这说明中国政府实际上已开始解决华侨双重国籍问题。这是中国解决华侨双重国籍问题的先期探索,为后续系统解决海外华侨双重国籍问题积累了经验。[③]

①　姚昱:《二十世纪五十年代中国东南沿海军事行动的经济考量》,《中共党史研究》2023 年第 3 期。

②　郭本意:《一九五八年台湾当局对炮击金门的反应》,《中共党史研究》2023 年第 5 期。

③　谷继坤:《新中国解决华侨"双重国籍"问题的探索——以旅蒙华侨回国为中心的历史考察(1950—1951)》,《华侨华人历史研究》2023 年第 3 期。

二、社会主义建设史研究

1956 年社会主义改造的完成,使新中国步入了社会主义建设时期。社会主义建设时期的到来,并不意味着所有社会矛盾的消弭,1957 年前后工人、工会与工厂矛盾的凸显就是其中之例。符鹏指出,中央高层从"正确处理人民内部矛盾"的辩证法视野出发,将问题的根源认定为官僚主义,力图通过工厂管理的民主改革,建立职工代表大会制度来解决矛盾的做法。随着 1958 年 5 月 26 日召开的全总党组扩大会议对工会定位(党的路线、方针和政策的执行组织)的明确,新中国工运史上这段重要的探索宣告结束。作者认为,当工人诉求的正当性或不正当性不再简单地与先进或落后的意识状态对应,应该如何重新界定代表性的政治意涵以及如何确定工会的组织分工,就成为中共在社会主义体制下重新安排工厂组织关系,界定工会的组织位置的关键难题。①

计划经济时期的"地下工厂"是当代中国史上值得关注的经济现象。徐子杰和孙泽学考察了 20 世纪六七十年代广东"地下工厂"的经营实态与禁而未绝的原因。他们发现,"地下工厂"不仅能弥补短缺经济下的部分社会需求,还能满足部分官方机构、集体单位的实际需要,不缺销路且利润较大,故一些"没有改造好"的"资本家"愿意从事经营活动,部分国企跳厂(离厂)职工和社会无业(失业)人员出于贴补家用或"避免赋闲"的考虑也会到这类工厂做工。更重要的是,国家和地方政策的调整或漏洞,为"地下工厂"提供了存活的弹性空间。甚至有些管理者还想方设法借助集体单位获取合法身份的保

---

① 符鹏:《历史激荡中的组织再造——1957 年前后工厂民主改革的尝试与工会论争的疑难》,《开放时代》2023 年第 2 期。

护,在开展经营和进行活动时拥有较多便利。这种现象在"文化大革命"中后期更加普遍。①

新中国成立后农村社会变迁颇受学界关注。邓理分析了农村电话网从 1956 年中共中央提出规划,到 1960 年广泛在农村覆盖的成因、过程,指出了电话网对国家治理产生的重要影响。电话网的铺设,使电话会议成为各级党政机关的重要工作方式,提高了中央政策在农村的传达执行效率,显著改善了农村基层的治理绩效,为实现党和政府对农村的有效组织及治理提供了强大的技术支持。② 张屹和于明星指出,20 世纪 60 年代上海文联、文化局及上海人民沪剧团牵头建立的农村文化(文艺)工作队下乡活动,既丰富了农村文化生活,更增强了农村群众对社会主义的认同。这些工作队以农村生活为主题的文艺创作理念,也推动了兼容并包的海派文化的形成与发展。③张慧芝认为,解读中华人民共和国最初三十年白洋淀的人水关系,无法忽略以国家需求为导向、"以任务带动学科"的地理学发展理念和以苏联为师的水利建设理论与实践的历史背景。在这一时期,革命化、科学化的劳动者成为人水关系的主体,社会主义工业化又带动了淀区人水关系的阶段性转变。通过"实践—理论—实践"的工作方法,白洋淀地区探索构建了人水互动的社会主义模式,而运动式、急于求成的做法是其间最大的不足。④

集体化时期的农村商业组织近年来开始受到学界关注。张学兵

① 徐子杰、孙泽学:《二十世纪六七十年代广东省"地下工厂"现象探析》,《中共党史研究》2023 年第 6 期。

② 邓理:《通信技术与国家治理:1956—1960 年农村电话网建设考察》,《当代中国史研究》2023 年第 2 期。

③ 张屹、于明星:《为农村文化播种:1963—1966 年上海市农村文化(文艺)工作队的历史考察》,《历史教学问题》2023 年第 3 期。

④ 张慧芝:《1949—1978 年白洋淀地区人水关系的重构》,《河北大学学报(哲学社会科学版)》2023 年第 2 期。

指出,计划经济时期农村的代购代销店既是国家商业的基层网点,又要"依靠群众办商业",受基层供销社和生产大队的双重领导,由大队直接管理,店员主要由农民出任,资金和商品从供销社划拨。这种运作模式使其实际无法走出计划经济结构性矛盾的困境。乡村社会文化网络和熟人社会中极富韧性的人情道义、邻里情谊等文化习俗和价值观念,以及代购代销员的非正式人员身份也成为其实践过程中的管理资源约束。① 常明明提出,农村供销合作社作为乡村重要的流通组织之一,通过有计划地收购农民的农副产品,并向农民提供生产生活资料,在较短时间内占领了农村流通阵地,割断了农民与私商的经济联系,把小农生产纳入计划经济的轨道,从而促进了农业的社会主义改造。②

颜燕华利用福建安溪一个自然村的茶叶生产个案,考察了集体制的作用机制如何受到产业特性和地方传统制度调节,及其对20世纪80年代以来当地产业发展的影响。作者指出,集体化虽然冲击了形式上的家族组织,但家族组织的逻辑在生产队中得到了一定程度的延续,尤其生产队长居于"公家"与"小家"之间的平衡角色延续了传统家族权威的行动伦理。文章认为,生产队长极力增进集体收益又兼顾平衡家户生计的行为,实际超越了"生存伦理"的考虑,更像是一个统筹全局、具有企业家精神的"家长"角色。在生产队长"家长式"的生产决策及以家户为基础的产销安排下,集体生产突破了产销技艺在核心家族内的传承,扩散到村庄内绝大多数家庭,成为分田到户后家庭产业和地方茶叶经济发展的助力。③

① 张学兵:《计划经济时期农村代购代销店问题探析》,《中共党史研究》2023年第2期。

② 常明明:《农村供销合作社与农业社会主义改造关系述论》,《中国农史》2023年第1期。

③ 颜燕华:《集体制与家户生产:对农业集体化时期生产实践的再考察》,《社会》2023年第3期。

从信贷与财政关系的视角解读"大跃进"的制度逻辑,学界少有研究。林超超注意到财贸部门在"大跃进"中扮演的关键角色。她发现,商业部门在"大购大销"中与不具备生产能力的工厂随意签订合同、预付货款,向农村人民公社大量赊销生产资料,财政部门对各级银行和农村信用合作社在发放信贷资金上的放任,都在很大程度上为生产"大跃进"提供了源源不断的财力支持。信贷资金的管理漏洞造成了"大跃进"时期财政盈余的假象。一方面,超定额流动资金的需求激增,推动了"全额信贷""差额包干"的出现,从而为预付、赊销等占用流动资金和各种挪用流动资金的行为提供了方便。另一方面,大量本应用于增加商品流通的流动资金被用于固定资产投资,从而造成财政账面盈余、商品物资却异常紧缺的矛盾现象。①

粮食及其分配是集体化时期乡村社会关注的焦点问题。既往学界有关集体化时期乡村粮食管理的探讨,大都为自上而下的政策史思路,较少讨论村庄层面实际粮食购销与收支用度。张海荣通过还原集体化时期一个村庄自上而下与自下而上的粮食管理脉络,呈现出这一时期国家粮政末端的运行实况。她认为,国家粮政的各项规章制度,固然强力约束着生产大队粮食的收支流转,而村庄在遵章管理的同时,也存在一套底层理性主导下的隐形自主的粮食管理系统,即"小账粮""户换粮"的不间断运作、"大队粮"的灵活调剂。这种粮食管理的背后,正是千百年来乡村人讲究"人性"的文化蕴涵和主导逻辑。类似村庄的粮管史,为透视集体化时期的粮政,尤其从账目细算处着眼,为"工占农利"等问题的理解提供了进一步探究的新窗口。②

---

① 林超超:《一九五八年至一九六二年的信贷、财政及其调整》,《中共党史研究》2023 年第 5 期。
② 张海荣:《集体化时期基层社会的粮食管理———以冀北一个村庄为个案》,《中共党史研究》2023 年第 1 期。

　　学界对人民公社化运动的研究多关注农村人民公社与城市人民公社的历史轨迹,对公社化运动在农垦领域的具体过程关注较少。刘东庆指出,与当时农村地区广泛开展的小社并大社、高级社升级为人民公社不同,国营农场的公社化采取的是国营农场与毗邻的高级社或人民公社合并,共同搭建更大、公有化程度更高的人民公社。场社合并在塑造公社制度架构的同时,也在双方之间造成不少纠纷,不可避免地导致生产的严重破坏。1958—1964 年,国家先后三次对场社合并政策进行调整,使双方许多纠纷暂时平息。但场社纠纷的根源在于双方资源获取与利益分配上的失衡,因此,这一矛盾关系时起时伏,贯穿集体化时代的始终。①

　　集体化时期的央地关系是学界讨论的热门话题。王丹莉从"三五时期"地方政府的上解支出与中央政府对地方财政补助的视角,探讨了中央与地方的财政关系。作者认为,"总额分成"体制下中央与地方共享财政收入的分配呈现出向地方倾斜的特征,不同省份之间的差异反映了中央工业布局、区域布局战略的顶层设计对财政收入分配以及央地财政关系的直接影响。对于"战备"的强调以及三线建设的启动使中央政府在国家财政支出中具有集中倾向,但在财政收入方面反而由于地方上解义务的不断下调而呈现分权趋势,这也为后来中央政府的财力不足与财政体制改革埋下了伏笔。②陈碧舟考察了 1959—1965 年中国工业企业开展的两次"比学赶帮"运动。陈文发现,第一次运动由中央下发指示,即自上而下地开展;第二次则是在央地互动之下,由地方经验推广至全国,即自下而上地

---

　　①　刘庆东:《1958—1964 年国家调整场社合并政策研究》,《广东党史与文献研究》2023 年第 3 期。

　　②　王丹莉:《"三五"时期区域发展格局下的央地财政关系》,《中共党史研究》2023 年第 2 期。

开展。这既有效发挥了地方政府、工业企业、广大职工的积极性,也在严峻复杂的环境中提振了中国经济,同时还树立了"质量第一"的思想。①

三线建设是近年来新中国史研究领域较受关注的学术话题,本年依然如此。张勇指出,三线建设研究应该立足于时间、空间、社会、主位与客位等多维视角。因为三线企业是一种介于城市和乡村之间的特殊单位社会,它是在备战背景下由国家主导形成的"嵌入式"单位组织。尽管三线移民自身的地域身份认同存在差异,但成千上万的建设者共同参与、共同推进、共同经历的过程,使其"三线人"的集体身份认同得以塑造、强化和延续。不同来源途径又导致三线工人内部也出现明显的群体分化,在职业机会、文化生活及社会关系等方面呈现不同的发展态势。作者还注意到,学者、政府工作人员、媒体从业人员、"三线人"等众多群体都已参与到"三线建设"的历史书写当中。他们有着各自不同的书写动因、方式、特点和作用,其撰写和调研的历程,也是另一种视角的书写形式。② 刘盼红和高红霞指出,三线建设动员中内迁职工的复杂心态,大致表现为服从、积极主动、被动焦虑隐忍以及强烈抵触拒迁等,这与职工的职务、政治身份、年龄、家庭等因素的差异有关。上海支援三线建设的工厂作为基层执行单位,采取先党内后党外、先干部后群众,以精神激励为主、以适当的物质激励为必要的动员手段调动工人尤其是青年工人群体的积极性,以家庭为抓手排解职工的后顾之忧,细致到位的措施稳定了职工的支内情绪。然而,这些应对措施并不能消解职工因

---

① 陈碧舟:《1959—1965 年中国工业企业"比学赶帮"运动再探讨》,《当代中国史研究》2023 年第 5 期。

② 张勇:《企业、人群与社会——三线建设的多维书写》,北京:社会科学文献出版社,2023 年。

迁出地与迁入地发展差异带来的巨大心理落差，引发了部分职工回流的现象。①

李德英和朱领回溯了三线建设时期"干打垒"这种特殊建筑形式蕴含的精神价值。文章指出，攀枝花工业基地是较早修筑"干打垒"的三线地区，四川广安华光仪器厂因在"干打垒"试验中取得成功并形成经验，被上级机关树立为典型，加以推广。随着"干打垒"的全面推广，这种建筑形态在特定年代被赋予艰苦奋斗精神和共产主义理想，进而演变为一种精神符号。尽管它的负面影响因过度推广而日益显现。② 陈君锋、崔一楠以四川省绵阳地区为例，分析了三线建设与乡村医疗卫生文化变迁的关系。文章指出，"嵌入式"的三线企业医疗卫生力量，助推了乡村医疗卫生机构数量的不断增加。"厂地"双方同频共振，推动了乡村医疗卫生文化事业的发展。③ 黄华平、邢蕾考察了地方政府通过运作民工缓解三线建设劳动力不足的办法。这种办法的基本模式是，组织上将民工编成民兵队伍，分配建设任务；经济上为民工提供生活保障，发放劳动报酬；精神上则对民工施以思想政治教育，开展群众运动。④ 吕建昌从概念辨析的角度，界定了三线建设与三线建设工业遗产的内涵，为评价三线工业遗产的价值内涵提供理论依据。作者认为，三线工业遗产系三线建设而生成，三线建设的终止时间也是界定三线工业遗产的时间下限。三线建设企业有广义与狭义之分。不同"出身"与身份，使其工业遗产价值内

① 刘盼红、高红霞：《到"内地"去：三线建设动员中的职工心态与工厂应对》，《上海师范大学学报（哲学社会科学版）》2023 年第 2 期。

② 李德英、朱领：《建筑形态与精神符号：三线建设初期"干打垒"研究（1964—1966）》，《史林》2023 年第 2 期。

③ 陈君锋、崔一楠：《同频共振：三线建设与乡村医疗卫生文化发展研究——以四川省绵阳地区为例》，《宁夏社会科学》2023 年第 3 期。

④ 黄华平、邢蕾：《三线建设时期党和政府运作民工筑路实态探赜——以 1970—1973 年芜湖县兴修皖赣铁路为考察对象》，《安徽史学》2023 年第 4 期。

涵也存在差异。①

三线建设在引起国内学者关注的同时，也引起了海外学者的注意。徐有威、张胜指出，国外学者既关注冷战及后冷战时代的宏观国际局势对国内小三线建设、调整的影响，又能基于新中国不同历史阶段国家层面的意识形态、政策变化以及相关体制机制变迁的视角，对其发展历程中所呈现的诸多面相展开分析，为国内研究提供了诸多思考与理解的路径。但这些研究也存在不够聚焦，对当代小三线建设工业的意义和遗产重视不足的短板。② 李德英、胡天鹏同样发现，美国学者柯尚哲以冷战与军事化为视角，较为全面地分析介绍三线建设，但在讨论"冷战"格局下的中国国际环境时，忽视了中美苏三国关系的动态变化，未能理解"三线地区"的深层含义，其对"军事化"理论的解释也不够全面。柯氏对"有特权的艰苦"的讨论虽然对城乡、工农关系有所涉及，但论证有限，且未能置于近代中国城乡关系变化的历史长河中考察。③

台海问题成为本年新中国史研究的热点领域。冯琳指出，1959年《康伦报告》以准官方形式提出缓和对华关系，是美国向"遏制但不孤立"中国政策转变过程中起到萌新作用的重要节点。④ 林德顺和郭帅帅借助台北"中研院"近代史研究收藏的台湾地区外事主管部门档案、马来西亚国家档案馆收藏的国会会议记录等材料，考察了 1960—1971 年"台湾当局"对中马关系的评估。文章指出，在中马关系转变过程中，"台湾当局"曾以政治劝说、舆论宣传、推动购买马方的囤胶、

---

① 吕建昌：《三线建设与三线工业遗产概念刍议》，《学术界》2023 年第 4 期。

② 徐有威、张胜：《国外小三线建设研究述评》，《学术界》2023 年第 4 期。

③ 李德英、胡天鹏：《冷战、城乡和三线建设：与美国学者柯尚哲先生的讨论》，《四川师范大学学报（社会科学版）》2023 年第 4 期。

④ 冯琳：《萌新与变异：〈康伦报告〉所示美国对华政策新趋势——兼论台海两岸的反应》，《清华大学学报（哲学社会科学版）》2023 年第 4 期。

派遣高级别贸易团等方式阻挠中马关系正常发展,不过这些动作并未对中马关系正常化造成较大阻碍。①

在中国当代外交史研究领域中,中美关系一直是学界讨论的重点。丁夏阳发现,1969—1976年的中美贸易实为"象征性贸易",即双边贸易无须追求经济利益,只是为政治议题制造良好氛围。这并非中美领导人忽视贸易议题,而是双方意识到贸易的巨大潜力后选择暂且搁置,以免损害战略利益。贸易在双方不断博弈中逐渐成为国家战略的潜在契合点——中国对于现代化的渴望逐渐与美国参与中国现代化的长期愿望重合,并表现出加入而非取代两国战略议题的趋势。中美的良性互动最终推动两国贸易由隔绝走向"象征",继而又超越"象征",并深远影响了1977年至今的中美关系。② 张静提出,中美民间科技交流的开展与两国政治关系正常化的开启基本同步,但前者对后者并未构成因果关系。在冷战背景下,民间科技交流成为缓和敌对国家政治关系的外交工具。参与跨国交流的科学家,既是人民外交中两国政治博弈的标的,又会受到国家、政府、政党等政治力量的塑造。民间科技交流的形式与两国政府掌控的政治实质之间存在无法消除的张力与矛盾,致使前者不仅未能促进双边政治关系,反而因国内政治和国家间政治的影响而陷入困局。③

史料既是历史研究的基础,史料的编纂与出版本身也是史学研究的重要内容。《建国以来毛泽东文稿》(下称《文稿》)是新中国史研究的基础文献,2023年修订增补后公开出版。熊华源等人在介绍文

---

① 林德顺、郭帅帅:《冷战时期台湾当局对中马关系发展趋势的评估与应对(1960—1971)》,《台湾研究集刊》2023年第6期。
② 丁夏阳:《超越"象征":中美贸易的解冻与博弈(1969—1976)》,《史林》2023年第2期。
③ 张静:《尼克松政府时期中美民间科技交流与政治博弈》,《中国科技史杂志》2023年第3期。

章中指出，内部版《文稿》原有文稿 4 256 篇，列入修订的内部版《文稿》为 4 197 篇（内容相同的集纳为一篇）。经过修改、增补和重新分册后，公开版《文稿》达到 20 册，总收录文献 5 259 篇，相较内部版新增文稿 1 069 篇（总占比为 20.3%）。公开版《文稿》增补的内容主要来自三个方面。一是内部版《文稿》由于种种原因该编入未编入的文稿；二是在内部版《文稿》陆续出版期间和之后三十多年中，原中央文献研究室陆续从中央档案馆、各省市档案馆、解放军档案馆等档案部门乃至坊间发现并收集到的有价值的档案资料；三是根据一些领导人年谱、传记、回忆录，甚至是刊物文章提供的线索在近年才收集到的资料。①

闫立光介绍了中华人民共和国国家档案局和俄罗斯联邦档案署联合编纂的《中苏文化关系档案文献汇编（1949—1960 年）》。该成果收录了中华人民共和国成立前夕至 1960 年期间中苏两国在科教、文艺、大众传媒、出版、图书馆、博物馆与档案等领域交流的档案资料。这些文献大部分系首次公开，不仅全面反映了两国人文领域合作交往的历史，也是推动中苏文化关系史研究的重要支撑。②

代明介绍了其父戴其锷 20 世纪 60 年代在北京市文联创研部任职期间留存的大量工作笔记，涉及诸多文坛事件。他在介绍文章中呈现了 1962 年 11 月 20 日至 21 日由邵荃麟主持召开的中国作家协会在京作家会议的基本情况。③ 郑一奇回忆了 1965—1966 年跟随中国人民公安部队政治部工作队在江西上饶市铅山县鹅湖镇参加"四清运动"的往事与经历。④ 周海燕、吴晓萍主编的三线建设口述实

① 熊华源、张素华、周炳钦、王纪一：《〈建国以来毛泽东文稿〉修订、增补工作纪实》，《百年潮》2024 年第 2 期。

② 闫立光：《中俄深化档案汇编合作的重要成果——〈中苏文化关系档案文献汇编（1949—1960 年）〉评介》，《当代中国史研究》2023 年第 4 期。

③ 代明：《1962 年一次作家座谈会》，《新文学史料》2023 年第 3 期。

④ 郑一奇：《1965 年江西"四清"锁忆》，《世纪》2023 年第 2 期。

录,收录了贵州三线建设亲历者的故事与回忆。回忆者中既有干部、工人、工程技术人员、教师、医生、士兵,也有当年随父母迁来的孩子。这些田野调查与口述资料是还原历史图景、丰富三线建设研究的重要史料。①

丘新洋介绍了台湾地区关于大陆知青运动研究的情况。邱文指出,台湾地区知青史研究使用的资料,主要有大陆广播电台的新闻资料、"红卫兵"小报、大陆的公开出版物、侨眷的书信、逃亡港台的知青的回忆文章、台方获得的情报信息和多种机构收集的大陆各方资料等七大类。尽管如此,还是有相当一部分台湾地区学者关于知青运动研究的观点和论断失之偏颇甚至出现舛误。这既与意识形态对立和研究动机有关,亦受限于知青档案资料的相对匮乏以及较为明显的选择性使用和对政治化解读。②

王怀乐考察了《人民手册》编纂出版的历史。文章发现,最早由《大公报》记者张篷舟独立编辑的《人民手册》最后发展为大公报社团队编纂。《人民手册》按年度收录了新中国的政治、经济、文化、对外关系等各方面的文件和资料,既有法律政策文件、报刊社论,也有各个领域的重要事件汇编与各类统计资料,具有持续时间长、内容涵盖广的特点。③

① 周海燕、吴晓萍主编,《战备时期的工业建设:三线建设口述实录(1964—1980)》,北京:商务印书馆,2023 年。

② 丘新洋:《知识青年上山下乡运动研究述评——基于台湾地区的学术考察》,《广东党史与文献研究》2023 年第 4 期。

③ 王怀乐:《〈人民手册〉:新中国史史料编纂的早期代表刍议》,《当代中国史研究》2023 年第 4 期。

2023 年度改革开放史研究报告

杨　芳①

改革开放在中国共产党的百年历程中占据近半数时间,重要性不言而喻。2023 年是改革开放 45 周年,改革开放史研究的热度比前几年稍微高一些。一个是学术界组织召开了改革开放史研究学术会议,如复旦大学中华文明国际研究中心于 10 月 21—22 日主办了"新的探索:改革开放初期的中国"学术工作坊;一个是一些学术期刊组织了改革开放 45 周年相关专栏和笔谈,如《当代中国史研究》设置了"改革开放史研究"专栏,《二十一世纪》开展了"改革开放:回顾与反思"专题讨论,《广东党史与文献》组织了"改革开放史研究的学术体系与理论方法"笔谈等。

2023 年的改革开放史研究呈现了一些亮点:一是史料运用的多元化趋势明显,"带着问题找资料"成为学界的共识;二是研究的领域不断拓展,尽管经济体制改革仍然是研究的重点领域,但社会变迁、文化转型、对外开放等领域不断纳入研究者的视野;三是研究的视角

①　杨芳:华东师范大学社会主义历史与文献研究院馆员。

明显拓宽,中国式现代化、产权社会学以及央地互动关系等视角使改革开放史研究精彩纷呈。据笔者统计,发表于 2023 年度的改革开放史研究相关论文约两百余篇,笔者择要进行述评,以期尽可能呈现2023 年改革开放史研究的整体面貌和最新学术进展。

一、总　　论

改革开放与中国式现代化之间的紧密关联,使中国式现代化成为近两年改革开放史研究的重要维度。相较于专题问题的研究,此类研究大多采用了长时段的分析视角,力在从总体上反映改革开放的历史进程。此外,理论与方法的反思也成为本年度改革开放史研究的显著特点。

改革开放与中国式现代化的关系是近年学界研究的一个热门议题。罗平汉考察了改革开放与中国式现代化的互动关系,指出摆脱贫困进而实现现代化催生了改革开放,而改革开放为中国式现代化提供了强大功能,成为现代化和民族复兴的推进器。[①] 石明明、张小军以中国式现代化视域考察了社会主义市场经济体制的建构过程。他们指出,中国的经济改革与制度建构,始终内嵌于解决现代化建设中出现的各类矛盾和问题过程,经历了从最初"摸着石头过河"的渐进式改革、自上而下的制度建构,向注重顶层设计的全面深化改革、上下互动的制度建构的转变。坚持问题导向、探索适配中国式现代化的经济体制过程,即社会主义市场经济体制的建立和完善过程。中国式现代化内在地决定了经济改革的性质方向、重点任务

---

① 罗平汉:《改革开放与中国式现代化》,《历史研究》2023 年第 6 期。

和推进方式。①

　　朱嘉明是改革开放历史进程的重要参与者，他以札记的形式记录了其对中国经济改革四十五年的思考。他认为各界对中国改革认识的分歧，会长期存在下去，中国改革史将是中国当代史研究的重大课题。②

　　中国的改革开放是重大的历史事件，需要研究者在不同的视域下以多维视角进行深入研究。杜艳华用古今比较的视角概括出四十多年中国改革的特点：正确处理了传统与革新的关系；保持改革力度与现实条件相适应；充分认识改革的复杂性，把握改革的系统性、协调性，从而超越了中国历史上断裂式的改革；近四十年的改革在继承的基础上实现了社会主义改革的自我超越。③ 除用古今视域外，杜艳华还注意中西比较。杜艳华另文通过对比中苏改革，指出中国改革的成功在于遵循了社会主义改革必须遵循的四大规律，在改革的原则、战略选择、方式与路径和改革的成效等方面，都实现了对苏联改革的超越，创造了世界社会主义改革史上少有的成功范例。④

　　如何推进改革开放史研究的学术进步，是学界一直思考的问题。萧冬连回顾了自己从事改革开放史研究的三个机缘，并就如何研究和理解中国改革开放史谈了一些基本认识和研究方法。他认为，做改革开放史研究真正的困难不是史料太少，而是史料多而散，难以收集、归纳和整理，因此带着问题找资料是一个基本方法。与此同时，作者强调改革开放史研究的难点在于对改革开放的深度理解，因此要进行跨学

　　①　石明明、张小军：《中国式现代化视域中的经济改革与制度建构》，《中国社会科学》2023 年第 9 期。

　　②　朱嘉明：《中国经济改革四十五年的思考札记》，《二十一世纪》2023 年第 12 期。

　　③　杜艳华：《古今比较视域下近四十多年中国改革之特点》，《思想战线》2023 年第 3 期第 49 卷。

　　④　杜艳华：《在比较中把握社会主义改革规律》，《复旦学报（社会科学版）》2023 年第 6 期。

科的阅读和对话，以及要运用历史的和比较的视野来理解。① 谢迪斌认为改革开放历史的书写要把握三重逻辑：一是探寻改革开放发生的逻辑动力，要重点分析改革开放的发生原因和动力；二是构建改革开放变迁的逻辑过程，要把握连续性和阶段性结合、整体性与局部性联动以及突出改革开放主体与客体的统一；三是评价改革开放成效的逻辑结果，要准确表达改革开放的成就、深刻揭示改革开放的影响以及正确处理改革开放主观动机与客观结果的关系。② 阮清华认为，改革开放史既有研究成果大多是基于中国本位的单向度叙事，对外部世界的关照严重不足，缺少从中国与世界两个角度切入的视野，因此改革开放史研究需要特别关注中外互动和互需。作者从改革开放起步史、改革开放的阶段性特征以及改革开放政策的调整三个方面，对外部世界在其中发挥的作用和影响做了细致的分析。③ 孟永认为，改革开放史研究需要在比较视域中以经验性问题为单位加以深入研究，作者列举了革命化与现代化的关系、社会主义市场经济、党和政府的作用、社会主义意识形态走向和精神文化因素的作用等五个主题，并用比较的视域加以阐释。④ 周根红认为，可以从三个方面加强改革开放舆论史的研究：一是中国特色社会主义舆论史的发展创新研究；二是舆论史的史料整理与研究；三是对外舆论史和涉华舆论史研究。⑤ 郭辉认为，改革开放史除需要利用档案、报刊、日记等传统

---

① 萧冬连：《谈谈我的中国改革开放史研究》，《江淮文史》2023 年第 4 期。

② 谢迪斌：《中国改革开放史书写的基本逻辑》，《广东党史与文献研究》2023 年第 1 期。

③ 阮清华：《国际社会需要与中国改革开放史研究》，《广东党史与文献研究》2023 年第 1 期。

④ 孟永：《在比较视域中推进改革开放史研究》，《广东党史与文献研究》2023 年第 1 期。

⑤ 周根红：《推进改革开放舆论史研究的思考》，《广东党史与文献研究》2023 年第 1 期。

史料外，也应利用口述史料以更好地还原改革开放过程的多维面相。①

二、经济体制改革史研究

改革开放造就了"中国奇迹"，中国的改革最主要的就是经济体制的改革。2023 年度有关经济领域的改革史研究主要集中在企业改革、农村改革、财税金融制度改革以及收入分配改革等方面。在资料挖掘和研究视角方面，较往年都有新的进展。

改革开放以来，国有企业改革始终是中国经济体制改革的重要内容之一。2023 年有学者就国有企业办社会这一课题进行了深入研究。阎瑞雪和王于鹤利用中国社科院经济所未刊的"中国国营工业企业管理体制调查资料"，对改革开放初期企业在办社会问题上的具体动机、行为选择作了细致的分析。研究表明，外部供给约束较紧且规模较大的企业，或劳动力过剩较多的重工业企业更倾向于办社会；而外部供给约束较为宽松，劳动力过剩问题不严重的轻工业企业，或规模较小且劳动力剩余较少的企业，在办社会问题上更倾向于寻求更多替代方案。外部供给约束和过剩劳动力这两个因素，对企业办社会的决策产生了重要的影响。②

国有企业改革的主线是调整国家与企业的关系，其中最重要的一个调整就是产权的调整。在计划经济体制下，公有制企业不可能破产已是一个定论；在市场经济体制下，企业破产却是一种常态化现

①　郭辉：《改革开放口述史研究之省思》，《广东党史与文献研究》2023 年第 1 期。

②　阎瑞雪、王于鹤：《供给约束与内部压力：20 世纪 80 年代初国有企业办社会的动力机制分析》，《中国经济史研究》2023 年第 6 期。

象。那么,在计划经济体制向市场经济体制转型过程中,企业破产何以可能呢? 王庆明从产权社会学视角出发,以中国第一家破产企业为个案,考察了在市场机制和法律体系不健全、企业产权模糊的改革初期,公有制企业破产的具体过程及内在肌理。作者认为,最初的企业破产是国家因负担过重,借助市场竞争话语"甩包袱"的结果,是有选择的市场化;当时市场既是一套公平竞争的法则理念,也是国家规避风险、推进改革的手段;破产后,"工人是企业主人"的主人翁话语是工人强调身份产权的依凭。转型中的政企关系、职企关系及其动态演化过程形塑了企业产权界定的独特逻辑。①

20世纪90年代,国有企业改革主要围绕"建立现代企业制度"展开。至20世纪末21世纪初,国有企业初步建立起现代企业制度。张琦对这一时期的企业改革思想进行了梳理和归纳,认为建立现代企业制度既要围绕"产权明晰"做文章,同时也必须营造一个各类企业公平竞争的市场环境。以"京伦会议"为代表的一系列企业理论和国有企业改革国际研讨会,不仅对当时的国有企业改革实践产生了重要影响,同时也将企业理论、产权理论、公司治理等微观经济学领域的最新进展在中国经济学界传播开来,推动了中国经济学研究的发展。②

改革开放转型时期三线企业的调整,也是一个引人注目的课题。对于三线企业如何在经济体制转轨中存续和发展这一问题,袁世超和徐有威通过对三线企业长城机床铸造厂的个案研究,强调改革开放是三线企业走出困境的唯一出路。③ 张胜基于企业与城市互动的

---

① 王庆明:《改革初期单位制企业破产过程与机制研究——一个产权社会学的分析框架》,《社会学研究》2023年第5期。

② 张琦:《建立现代企业制度的理论探索——中国20世纪90年代的企业改革思想》,《中国经济史研究》2023年第1期。

③ 袁世超、徐有威:《三线企业的技术引进与外资利用——以长城机床铸造厂为例》,《宁夏社会科学》2023年第3期。

视角，分析了安徽小三线企业调迁至城市的历程。调迁初期，大部分小三线企业力争以迁并路径搬迁至城市。实践中，拟合并双方企业利益平衡及小三线企业优势因素决定了迁并能否付诸实施。调迁中，小三线企业困难重重，接收城市在政策、组织、资金方面给予其帮助并推动省级层面优惠政策出台。调迁后，企业安置与初步发展分为迁建、迁并以及分散安置三种。无论是哪一种，原小三线企业、职工均积极融入接收城市，为当地的经济建设作出了一定的贡献。① 张胜另文考察了调迁时期安徽小三线企业与原建设地区的关系，指出企业所在县级政府既是地方利益代表者，又扮演了协调者的角色，但省级政府的政策导向才具有决定性意义，省级政府的政策制定不仅基于三线调整战略实施的考量，还取决于区域社会稳定与经济发展目标，进而在微观层面左右着地方各级政府以及小三线企业的行为走向。②

2023 年，学界除关注到国有企业的改革外，有研究者还关注到了集体企业的发展历程。苏剑梳理了改革开放初期福建晋江的社队企业发展状况，指出晋江社队企业在发展过程中，利用侨胞眷属手中的闲散资金、闲置的房子以及闲散劳力等生产要素，在对外开放启动时兴办来料加工、来样加工、来件装配和补偿贸易，在对外开放扩大时发展中外合资经营企业和中外合作经营企业，探索出了一条外向型经济发展之路，为"晋江经验"的形成奠定了历史基础。③

·中国改革率先在农村取得突破，农村改革以及"三农"问题一直是研究者们重点关注的领域。由于安徽省是农村改革的先导区，学

---

① 张胜：《安徽小三线企业调迁刍议——以企业与城市互动为中心》，《安徽史学》2023 年第 2 期。

② 张胜：《经济体制转型中的小三线企业与原建设地区关系演变——以安徽为例》，《中国经济史研究》2023 年第 2 期。

③ 苏剑：《福建晋江发展社队企业的历史考察（1978—1984 年）》，《当代中国史研究》2023 年第 3 期。

界的讨论也较为充分。李嘉树通过梳理小岗"大包干"政策由"另类"到"样板"的过程,强调小岗能够成为"中国农村改革第一村"离不开组织的塑造。① 除了关注凤阳县的"大包干"外,李嘉树还注意到了安徽省肥西县的包产到户,而以往有关肥西县农村改革的研究是不充分的。文章考察了肥西县包产到户政策的变迁,从允许"只搞一季"到要求重新组织起来推广"三定一奖",再试图以包产到组、包干到组代替,最后逐步放宽政策。肥西县委有关包产到户政策的变迁,反映出农村改革的多重面向。②

不过也有学者认为,把农村改革起步的研究框定在领导是否支持包产到户,无疑窄化了农村改革史研究的视野。而且从区域角度来讲,只关注安徽也不利于呈现农村改革史的丰富性和差异性。赵诺和刘照峰利用中央、省、市、县四级党委及政府的资料,围绕山东省农村改革的决策过程和政策演变,对山东省内的农业生产责任制改革,特别是家庭联产承包制的发端、扩展的历史过程做了梳理。文章认为,山东省在农业生产责任制探索或者说农村改革过程中的主要显性特点是紧盯中央、力求稳健。这是因为山东省农村经济发展基础相对较好,制度变革需求的迫切程度不及安徽、贵州、甘肃等省。山东省的农业生产责任制改革,是农村改革进程中中央与地方双向互动的生动例证,也是这一时期改革常态的集中体现。③

财税、金融制度的改革是经济体制改革的重要组成部分。在本年的研究中,研究者既对改革开放初期的央地财政关系进行了抽丝

---

① 李嘉树:《小岗村"大包干"改革典型的组织塑造》,《中共党史研究》2023年第5期。

② 李嘉树:《肥西县委包产到户政策放宽时间考析》,《中国经济史研究》2023年第3期。

③ 赵诺、刘照峰:《改革开放初期山东省农业生产责任制的探索历程》,《中国经济史研究》2023年第4期。

剥茧的分析，也关注到了金融领域改革开放顶层设计机制的问题。

关于 1978—1993 年间中央与地方的财政关系，以往的研究主要从宏观历史的演进脉络进行概述，或者从财政体制变迁、现代国家治理等视角进行讨论，这些研究都未能解释央地财政关系如何突破传统财权"放乱收死"的循环路径，实现由"统"向"分"、由"利"变"税"、由"包干"走向"分税"的过程。刘晓泉和刘方玮的研究指出，此时的央地财政关系改革是在面临中央财政的实际困境、财权"放乱收死"的路径循环、传统计划经济体制的束缚等特殊历史背景下展开的。作者将这一时期的央地财政关系分为三个阶段：1978—1984 年划分收支、分级包干即"分灶吃饭、各负其责"；1985—1987 年划分税种、核定收支、分级包干即"权责结合、自求收支平衡"；1988—1993 年多种包干办法并行即"包盈包亏、自行负责"。文章指出，1978—1993 年央地财政关系改革充分发挥了中央和地方的积极性，推动了社会主义市场经济体制建立，实现了由权责脱节向权责结合的根本转折。但因体制改革的复杂性和艰巨性，央地财政关系走向失衡，央地财政双双陷入困境。①

传媒业的发展与财政税收制度紧密相关，财政税收制度深刻地影响着传媒业的资源配置和产业化发展。陈苏和丁和根梳理了我国传媒业财政税收制度的变迁轨迹，将其划分为三次重大变迁：从统收统支到放权让利（1978—1993）；从税利分流到分税制改革（1994—2012）；从财政税收支持传媒转企改制到"营改增"规范传媒业税收制度（2012 年以来）。作者认为，政府与传媒业的财力、财权关系是其核心，三次跃升的过程是传媒体制改革与整体经济体制改革和财政税收体制改革同频共振的过程。传媒业在其中既有冲破发展束缚自下而上寻求变革的主动，也有作为微观主体跟随整个经济体制改革的

---

① 刘晓泉、刘方玮：《1978—1993 年中央和地方财政关系考察》，《当代中国史研究》2023 年第 6 期。

大潮自上而下接受变化的被动。①

金融领域是改革力度最大、变化最为显著、发展成就最为突出的核心领域,顶层设计贯穿于 1978 年以来我国金融改革开放和制度变迁的始终。巫云仙、张智建从长时段的视角分析了金融改革开放的顶层设计问题。作者将其历程划分为主要三个阶段:1978—1991 年是第一阶段,"摸着石头过河"与"边干边学"相结合;1992—2012 年是第二阶段,形成自上而下的举国体制;2013—2023 年是第三阶段,顶层设计机制正式形成和全面运行。作者指出,党的领导和重要会议的战略谋划、五年规划与中长期布局、全国(中央)金融工作会议的部署和落实、中央全面深化改革委员会的改革设计与总览全局是四种主要顶层设计形式。②

分配制度改革是经济体制改革的重要环节,"是促进共同富裕的基础性制度"。丁建定和谌基东探讨了改革开放以来中国共产党对分配制度功能的认识转变过程及其影响下分配制度的改革和完善。他们认为,中国共产党对分配制度功能的认识从打破平均主义,倡导提升经济效率,到提倡效率优先、兼顾公平,进而转变为更加注重社会公平和强调分配制度促进共同富裕的功能。③

随着工业化和城市化的推进,农村衍生出的巨额土地收益如何分配,一直是改革中的重要议题。我国的农地收益分配制度发生了几次大的转变,而且出现了反复改革的现象。目前学界都未能充分解释这种现象。陈颀试图从制度变迁的视角,来考察 40 年来农地收

① 陈苏、丁和根:《改革开放以来我国传媒业财政税收制度的三次跃迁》,《学海》2023 年第 4 期。

② 巫云仙、张智建:《1978 年以来我国金融改革开放的顶层设计研究》,《同济大学学报(社会科学版)》2023 年第 5 期。

③ 丁建定、谌基东:《改革开放以来中国共产党对分配制度功能认识和政策选择的转变及其实践效应》,《当代世界与社会主义》2023 年第 2 期。

益分配制度的变革轨迹和支配机制。文章聚焦农地收益分配制度的三个时点：1978 年农村改革启动、1993 年党的十四届三中全会（提出建立"国家垄断城镇一级土地市场"）、2013 年中共十八届三中全会（推动"三块地改革"），三个区间分别为钟摆的起点期、摆点期和回复期。作者认为，农地收益分配制度如何发展并不取决于国有和民有方案是否兼容，而在于权力嵌入下社会产权的重构难题如何被克服。中国改革的其他领域也存在着"制度钟摆问题"。①

　　工资改革切实影响着居民的收入和生活水平，按劳分配被确定为"社会主义原则"后，我国开始了对以平均主义为主要特点的工资制度进行改革。1983 年的企业工资调整是企业工资改革准备阶段具有探索意义的历史事件。以往的研究者对此次工资调整的研究不够深入和细致，夏林运用湖北省劳动部门某领导干部的工作笔记，系统梳理了 1983 年企业工资调整的推行过程，认为只有在中央政府的统一领导下，不断加强政策沟通、宣传和调适才能凝聚共识、协调利益、化解矛盾，将改革推向前进。②

　　中国的改革开放是分地区逐步展开的过程，上海也因此成为改革开放的先行地。1982 年到 1988 年上海经济区的设立，主要为了解决区域之间资源激烈竞争所造成的重复建设、产业同构等问题。林盼回顾了上海经济区概念的提出、架构设计和发展演变过程，评述了经济区在 1982—1988 年间取得的建设成绩。他认为，上海经济区作为区域经济一体化的早期实践，在创立合作机制、协调地区发展、合理配置资源等方面有所突破，但受到部门权限、地区竞争、

---

① 陈颀：《制度钟摆及其演变机制——农地收益分配制度变革的历史社会学研究》，《学术月刊》2023 年第 1 期。

② 夏林：《1983 年企业工资调整与改革研究——以湖北省为例》，《广东党史与文献研究》2023 年第 3 期。

目标设置等因素的掣肘,未能完全实现解决条块矛盾、解放生产力的最初设想。作者据此指出,区域经济一体化不能简单地通过规划纲要、联席会议和平台枢纽就能够实现,而是需要在以市场为导向的经济活动中,发挥企业的能动性,构建企业与政府各司其职、各负其责的体系,使各种资源要素能在地区之间、部门之间自由顺畅流动。[①]

三、政治体制改革史研究

作为改革开放史重要构成的政治体制改革史,在本年的研究中也受到了较多的关注。本年学界有关政治体制改革方面的研究,主要集中在组织人事制度的变革、政治仪式的生成以及重大政治会议的召开和重要历史问题的处理等方面。

组织人事制度的变革是改革开放以来我国政治制度改革的重要组成部分。为了领导现代化建设,20 世纪 80 年代,中国党政领导干部群体在短期内实现首次代际更替,此次更替的特征之一便是技术型领导干部的出现。以往的研究集中于探讨技术型领导干部发展的外部结构因素,曹野从党内的视角对党政领导干部的知识化专业化建设进行了历史考察,认为无论是人才培养、政策调整、制度变革,还是培训锻炼,中共在培养技术型领导干部过程中均起主导作用。[②]

---

① 林盼:《区域经济一体化的早期实践:改革开放初期上海经济区概念的提出与演变过程探析》,《中国经济史研究》2023 年第 5 期。
② 曹野:《二十世纪八十年代技术型领导干部发展再审视——基于党政领导干部知识化专业化建设的历史考察》,《党史研究与教学》2023 年第 5 期。

　　"文革"结束之后,为了扭转党风,党中央决定于 1983—1987 年在全国进行整党。谢倩考察了湖南省湘潭县地方整党的个案,指出湘潭县在运用自上而下、分期分批整党方法的基础上,不断开展实地调查,适时有据地调整整党应解决的难题,使全面整党深入农村基层的同时,也极大地促进了自身党组织建设和社会、经济发展。[①] 在农村整党中,一些地方初步尝试民主评议党员工作,这为后来民主评议党员制度的正式建立奠定了重要基础。梁云考察了民主评议党员制度的建立和演变。[②]

　　仪式具有独特的政治功能,常态化的改革开放周年纪念活动,就是作为一种政治仪式被相对固定下来。徐沐熙考察了改革开放"逢十"周年纪念的历史变迁和演进逻辑,指出无论是纪念大会、理论研讨会和座谈会,还是出版纪念图书、专刊、发表纪念文章,这些纪念形式都包含着对改革开放历史经验的总结和反思,旨在整合社会力量,消除改革分歧,凝聚改革共识。[③] 祭孔仪式是传统时代最具影响力的政治仪式之一,其在新中国的复苏始于 20 世纪 80 年代的"孔子诞辰故里游"。马天宇、王海洲通过研究改革开放初期曲阜祭孔仪式的恢复,认为这一活动是曲阜县政府在中央"以经济建设为中心"的顶层设计引导下,挖掘自身特色资源,为经济发展服务的重要举措。作者进一步认为曲阜祭孔个案的研究揭示了改革开放初期中国政治系统中的一个关键过程:中央确立的绩效合法性逻辑如何传导至基层,以及处于结点部位的县域政府如何通过诸如传统政治仪式的"现

　　① 谢倩:《1983—1987 年县级党组织的整顿实践及其影响——基于湘潭县档案史料的考察》,《广东党史与文献》2023 年第 5 期。
　　② 梁云:《从基层实践到党内制度:改革开放以来民主评议党员制度的建立与演变》,《上海党史与党建》2023 年第 3 期。
　　③ 徐沐熙:《改革开放周年纪念的历史变迁与逻辑演进》,《当代中国史研究》2023 年第 5 期。

代化改编"等创新治理行为予以落实并得到积极反馈。①

　　重大会议和历史事件是政治史研究的核心议题。在改革开放转型的过程中，中国共产党召开了一系列具有重大历史意义的会议，比如十一届三中全会、理论务虚会以及十一届六中全会等等。学界对十一届三中全会的研究已不少，但仍有进一步深入挖掘的空间。吴文珑利用新华社出版的《参考消息》、英国国家档案馆馆藏的档案以及苏共中央机关报《真理报》等相关文献资料，考察了中共十一届三中全会召开期间及闭幕之初的国际传播和国际评价。文章指出，在全会讨论的各项议题中，工作重点的转移和改革开放的历史性决策、关于毛泽东和毛泽东思想的评价、中共中央领导机构的人事调整等备受国际社会瞩目，国际社会对全会可能产生的历史影响也从不同维度做出了预判，一些国家也开始重新审视对华政策。② 肖建平利用天津市档案馆馆藏的"理论工作务虚会简报"，指出理论务虚会对社会主义的本质特征和优势体现、发展阶段和历史方位、主要矛盾和中心任务、阶级状况和阶级斗争等问题进行了探讨，这些探讨和反思对于系统解决理论上的偏狭、政策上的偏差、工作上的偏激等问题具有积极影响，同时还整体推进了党在指导思想上的拨乱反正，但此次会议也有两个主要的缺点：一个是有的看法超前，引起强烈震动；一个是有些观点偏执，存在矫枉过正倾向。③ 中共十一届六中全会通过了《关于建国以来党的若干历史问题的决议》，以往关于这一重要历史文本的研究缺少国际因素考量的视角。许冲指出，尽管起草《决

---

① 马天宇、王海洲：《仪式变革与合法性建构——以曲阜祭孔仪式的恢复（1978—1988）为例》，《学海》2023 年第 5 期。

② 吴文珑：《中共十一届三中全会的国际传播和国际评价研究（1978—1979 年）》，《当代中国史研究》2023 年第 3 期。

③ 肖建平：《理论工作务虚会与"社会主义"主要问题的探讨》，《上海党史与党建》2023 年第 3 期。

议》并非源自外发性的国际因素,但来自国际社会的担忧、猜疑、指责和期冀,确为中共开展政治历史的自我省察提供了特定的思想场域。就其对解答内生性社会政治历史问题的价值来看,它或已完全不止于提供一种他者视角,而是切实推动中共将自身重大历史问题置于20 世纪的世界历史时空,进而从单向度的消解历史问题走向更为深刻的世界社会主义变革的现代性思考。①

如何正确处理历史遗留问题是事关政治的大问题。由于核心档案资料的缺乏以及政治敏感性,学界对"五人小组"主持解决"陕北肃反"问题缺乏系统性研究。魏德平指出,中共中央"五人小组"对"陕北肃反"问题的处理明确了肃反主要责任问题,平息了肃反问题带有原则性的分歧和争论,形成了对西北党史尤其是肃反问题的基本共识,为中共在改革开放后处理党史遗留问题创立了范例。不过他同时指出,"宜粗不宜细"的历史认识,深刻地影响到当时对"陕北肃反"问题的处理,导致"陕北肃反"问题长期存在政治结论主导历史表述和宣传研究的导向。②

1992 年春邓小平发表的南方谈话是影响改革开放历史进程的重要文献。李演初考察了南方谈话最核心、最权威的文本《在武昌、深圳、上海等地的谈话要点》的形成与传播过程。作者认为,从文本创制经过看,邓小平付出了大量心血,作用最为关键,但其文本能够问世传播,却离不开从中央到地方的众多党员干部、理论工作者在记录、整理工作上的努力。从文本传播过程看,在中共中央正式向全党传达文本前,广东、上海等地的党报党刊已通过社论等形式向社会阐

---

①　许冲:《国际因素考察与中共历史决议书写——以〈关于建国以来党的若干历史问题的决议〉为中心》,《华侨大学学报(哲学社会科学版)》2023 年第 1 期。

②　魏德平:《中共中央"五人小组"处理"陕北问题"研究》,《党史研究与教学》2023 年第 4 期。

释邓小平谈话要点。从文本内涵看,南方谈话的内容还应包括邓小平南方之行前后在上海浦东、北京首钢等数次谈话。①

除此以外,也有学者关注到了改革时期的法治建设历史。黄明涛认为,"市场经济"宪法地位的确立不是一蹴而就的,原因在于八二宪法肩负着支持改革与重建法制的双重任务,在改革早期年代难免存在张力。在宪法实施与经济体制改革的互动关系中,宪法变迁现象有必然性,法学界,尤其是宪法学界对此密切关注,有关理论争鸣深化了对宪法实施规律的认识,也为后来的成功修宪营造了思想环境。在宪法变迁中实现宪法规范的更新,是实施宪法、维护宪法权威的重要路径,这是市场经济入宪留给后人的宝贵教益。②

四、社会文化变迁史研究

改革开放 45 年来,中国社会发生了翻天覆地的变化,社会文化的变迁尤为剧烈。本年学界有关社会文化领域的研究议题主要集中在社会思潮的兴起、公共卫生的治理、社会观念的转变、文学创作机制、电影市场化以及历史编纂等方面。

改革开放初期,"祖国要富强,中华要振兴"成为一种社会思潮,并因而形成了一股前所未有的读书热。梁腾梳理了 20 世纪 80 年代的"振兴中华"读书活动由上海发轫,再向全国推广的过程。作者指出,读书活动的兴起是多种因素共同作用的结果,活动的开展促进了

---

① 李演初:《邓小平南方谈话文本的创制和传播》,《广东党史与文献研究》2023 年第 4 期。

② 黄明涛:《重访改革历程:作为宪法变迁的"社会主义市场经济"》,《华东政法大学学报》2023 年第 6 期。

社会主义精神文明建设,带动了读书学习的良好风气,创新了职工思想政治工作方式,同时也提高了职工队伍的思想道德素质与科学文化水平。① 东欧新马克思主义是改革开放初期引起国内学界关注的国外思潮之一。温权、唐裕晨通过考察 1979—1984 年间东欧新马克思主义的中国印象,及其与当时国内重大事件之间的因应,从思想传播史层面呈现了改革开放初期中国在面对国内、国际社会主义问题时进行艰难探索的历程。②

青年引领社会风气之先,他们的行为和思想能反映出时代的风貌。1980 年 2 月,全国第一支青年服务队——上海自行车三厂青年服务队诞生。林升宝、张恽考察了上海青年服务队,认为青年服务队出现于改革开放初期的上海并非历史的偶然,而是基于青年思想政治引领工作的现实要求,以及人民日益增长的物质文化的需要。青年服务队是共青团组织青年学雷锋活动经常化、制度化的一个创造,不仅成为青年展示自我的舞台,也是开展青年思想政治教育的重要实践平台,实现了青年思想政治教育和实践的统一,具有重要的社会意义、教育意义和经济意义。③

公共卫生治理是社会治理的一个重要部分。南锐、李艳以 1978—2020 年中央层面出台的 460 份公共卫生应急政策为分析文本,考察了这一时期中国公共卫生治理政策的改革历程。他将这一时期的公共卫生应急政策的制定分为五个阶段:缓慢起步阶段(1978—2002),快速发展阶段(2003—2007),调整完善阶段(2008—2014),深化改革

① 梁腾:《20 世纪 80 年代“振兴中华”读书活动的兴起及其影响》,《当代中国史研究》2023 年第 2 期。

② 温权、唐裕晨:《“学术”与“现实”之间——改革开放初期东欧新马克思主义的中国印象(1979—1984)》,《马克思主义理论教学与研究》2023 年第 1 期。

③ 林升宝、张恽:《20 世纪 80 年代上海青年服务队再研究》,《当代中国史研究》2023 年第 1 期。

阶段(2015—2019)以及战略发展阶段(2020 至今),认为五个阶段的公共卫生治理呈现了应急性演化趋势。[1]

改革开放以来,市场化、工业化和城市化发展带来了生产模式的转变,实现了社会结构的转型与调整,同时也带来了社会价值观念上的变迁。吴玉玲、孙中伟通过使用 1990—2018 年世界价值观调查数据,以现代化理论与社会转型为视角,分析了三十年来中国人工作—生活观念的变迁趋势。研究发现,中国公众工作—生活观念大体经历了"生产中心"趋弱、"生活中心"渐强的发展趋势:以工作为中心的观念在 20 世纪 90 年代得到强化,进入 21 世纪以来逐渐弱化。作为个体生活的重要面向,家庭观念在 1990 年至 2000 年初一度弱化,之后重返民众生活中心;休闲观念则随着社会经济发展强化。此外,研究也表明观念的阶层差异在不同时期呈现不同特征,个体观念更多与其生命周期而非世代身份有关。[2]

文学创作、电影市场以及历史编纂方式的变化都是改革开放时期中国文化转型的重要体现。孙大坤考察了新时期老作家的回忆录写作潮流,指出回忆录即当代文学场中的一项制度,更是组织动员老作家制作记忆的制度化实践。在这一过程中,来自上层意志的推动和《新文学史料》平台,都发挥了关键性的作用。这种体制性力量既促进了作为一种文学类型的回忆录的繁荣,也对其文本的面貌造成了限制。[3] 张伟探讨了电影在 20 世纪 80 年代中后期出现的娱乐化、商业化倾向,指出第五代导演的分化是 80 年代中国电影多元化的体

---

[1] 南锐、李艳:《应急与演化:改革开放以来中国公共卫生治理政策变迁研究》,《上海大学学报(社会科学版)》2023 年第 1 期。

[2] 吴玉玲、孙中伟:《从"以生产为中心"到"以生活为中心"——中国人工作-生活观念变迁研究(1990—2018)》,《社会学研究》2023 年第 4 期。

[3] 孙大坤:《组织制作记忆——关于新时期老作家回忆录写作的文学机制考察》,《中国现代文学研究丛刊》2023 年第 1 期。

现,更是这些导演具有强烈主体性的终结。① 张慧瑜从大众传播的视角,讨论了 1978—2020 年转型时代中国电影崛起过程中的社会机制和传播效应,总结了中国电影改革的文化经验和电影发展的中国道路。②

修史作为中国文化传统的重要内容,也在改革开放时代受到更多重视。张景平、陈智威考察了 20 世纪 80 年代河西走廊修纂的各级水利志,指出当代中国水利志修纂系政府推动下地方志修纂运动的重要组成部分,呈现了"自上而下推动,自下而上完成"的显著特征。20 世纪 80 年代开始的修志活动规模前所未有,组织方式、人员构成、编写流程等方面都具有行业特色与时代特色,也是 20 世纪中国水利史研究上的重要事件。③

五、对外开放及外交史研究

中国的改革开放进程与世界的发展紧密相关,中国的改革离不开对外开放,开放与改革是一体两面。本年研究者们既辨析了对外开放的概念,关注到了"国外专家"这一特殊群体,也探讨了中国与世界的交往问题。

中国的对外开放始于何时,近年来学术界出现了争论。焦建华、李文溥从经济理论及经济史的角度对"对外开放"这一概念进行了探

---

① 张伟:《市场与娱乐:二十世纪八十年代中后期中国电影创作走向》,《屏声世界》2023 年第 2 期(下)。

② 张慧瑜:《文化传播——转型时代的中国电影》,北京:人民出版社,2023 年。

③ 张景平、陈智威:《中国当代水利志修纂的兴起——以河西走廊为例》,《二十一世纪》2023 年 12 月号,总第 200 期。

讨。他们认为，对外开放是与市场经济相联系的概念，是一国市场经济关系在对外经贸领域的延伸，是一国为保障独立市场主体平等地参与国际市场竞争而作出的一系列制度安排，其形成关键是该国经济体存在大量自主从事对外经贸活动的独立市场主体。因此作者认为，1978 年是中国从封闭半封闭状态转向全方位开放的历史转折点。①

中国的改革开放需要借鉴国外先进的经验，向国外学习有"请进来"和"走出去"两条路径。以往的研究较关注"走出去"的一面，对"请进来"一面的研究较为薄弱。李永康考察了"国外专家"这一群体，详细介绍了"国外专家"在企业管理、中国经济现代化、体制改革理念以及传授现代经济学知识等方面对中国的影响。文章指出，通过邀请外国专家来华，中共高层和中国经济工作者对中国进行现代化建设的道路认识更加全面深刻。不过中国没有全部照搬外国专家提出的"一揽子"改革建议，而是选择了符合中国国情的"渐进式"改革路径。最终，中国走出了一条与众不同的中国式的现代化道路。②

对外开放的基础是中国与世界各国关系的发展，其中尤以中美关系为主。陈力探讨了 1979 年中国对越自卫反击战期间的中美关系。国内外一些学者认为此时中美两国是"准同盟"关系，陈力对此提出了质疑。作者通过梳理当事人的著述以及档案文献，认为 1979 年对越自卫反击战期间，美方对中方的战略决策一直抱持反对态度和负面评价。正因中美双方缺乏足够的战略互信，美方对事态产生严重忧虑，最终选择与苏联进行幕后协商，试图联手主导局势走向。因此，无论在战略构想抑或实际运作的层面，传统上对中美"准同盟"

① 焦建华、李文溥：《论市场经济与对外开放：基于中国实践的经济史考察》，《中国经济史研究》2023 年第 6 期。
② 李永康：《国外专家与改革开放初期中国经济体制的变革》，《党史研究与教学》2023 年第 6 期。

的认知与事实有着相当大的出入。① 张放探讨了中美教育交流对中国人美国观转变的影响。作者认为,中美教育系统的开放与合作、知识体系更新以及话语表述等一系列变化形塑了新的观念塑造机制,改变了中国民众对美国的刻板印象,但与此同时美国文化中的一些糟粕也随之而来。②

除了中美关系,也有研究者关注到了中国与东南亚国家的关系。席桂桂、陈水胜以中国参与地区合作的范式转变为背景,梳理了中柬关系的历史发展和变化。作者认为,中柬关系的发展历程体现了明显的"安全—发展"联结。越南入侵柬埔寨对主权独立规范造成严重破坏,东亚地区安全秩序也由此急剧恶化,中国出于对安全与发展两者内生密切联结关系的深刻认知,积极参与地区多边安全合作,通过斡旋外交方式促成政治解决柬埔寨问题。随着柬埔寨完成战后重建、国内政治秩序日趋稳定,东亚安全环境得到极大改善,此时中柬两国都面临发展的共同诉求,中柬合作重点从多边安全合作转向以国际发展合作为导向的新阶段,中柬两国的战略互信也因此得到极大提升。③

总体来看,2023 年度的改革开放史研究无论是在研究资料还是研究视角上,都取得了一定的进展,但改革开放史研究还处在起步阶段,还有很大的提升空间。著名改革开放史研究专家萧冬连曾在不同场合多次呼吁"改革开放史应当成为历史研究的重点",著名学者周雪光也认为"改革开放史"必将成为最受关注的历史。以历史的思维来理解和透视改革开放,还需要学界的不断努力。

---

① 陈力:《1979 年对越自卫还击战期间中美"准同盟"新探》,《广东党史与文献研究》2023 年第 2 期。

② 张放:《改革开放起步前后中美教育交流与中国人美国观的转变》,《广东党史与文献》2023 年第 6 期。

③ 席桂桂、陈水胜:《从安全到发展:中国参与地区合作的范式转变——以中柬关系的演变发展为主线》,《外交评论》2023 年第 2 期。

2023 年度世界社会主义
发展史研究报告

张菊萍

世界社会主义发展史是社会主义历史研究的重要组成部分,通常涉及对世界范围内不同时期社会主义思想及其传播、重要的人物或群体、各国社会主义在多领域的发展、不同社会主义政策和实践的比较分析等主题。本年度的世界社会主义发展史研究,正是在这些领域当中展开的,其中尤以苏联早期的社会主义政策与实践以及冷战时期社会主义在多国的发展与实践为重点。

一、总　　论

苏联的社会主义实践是研究者关注社会主义理论及其发展的重点内容。张佩国从"经济决定论"知识谱系的视角出发,分析了《联共(布)党史简明教程》的编史学问题。① Г.Г.沃多拉佐夫在《十月革命之后的社会主义——水是活的,也是死的》一书中,追溯了俄罗斯民主社会主义的发展逻辑。该书认为,俄罗斯的民主社会主义包括了列宁思想、20 世纪 30 年代的民主社会主义,"60 年代孩子们"的民主社会主义(20 世纪 60—70 年代),戈尔巴乔夫改革时期的民主社会主义,以及现代民主社会主义。②

社会主义思想在世界各国的传播与影响,也是本年学界讨论的热点。郑祥福、吴文炳梳理了非洲民族解放运动的领袖恩克鲁玛的思想演变,指出他的泛非主义重构了现代非洲精神,而其思想向经典非洲马克思主义的转变,则对推动全非洲大陆的民族解放和国家独立具有极其深远的典范作用与历史影响。③ 亚当·塔卡奇讨论了 20 世纪 40—80 年代匈牙利知识界对存在主义这一"资产阶级哲学"分支的态度转变。作者分析了卢卡奇与存在主义的论战,以及存在主义在社会主义时期匈牙利被接纳的过程。④ 姚中秋着眼于中国式现代化道路的历史必然性、运作机理及其普遍意义,对中国社会主义发展道路进行了阐述。⑤

在研究方法上,多位研究者强调了跨学科视角的重要性。白建才指出,东西方冷战事实上也是一场情报大战,在对冷战史的研究中引入情报学的视角,将会产出更多有价值的成果。⑥ 郑华、侯彩虹强调战略传播对此类研究的重要性。他们聚焦里根政府对苏联战略传

① 张佩国:《〈联共(布)党史简明教程〉的编史学问题》,《学术界》2023 年第 9 期。

② *Водолазов Г. Г.* Социализм после Октября. Вода живая и мертвая. Москва: Политическая энциклопедия, 2022.

③ 郑祥福、吴文炳:《探寻非洲马克思主义之源——以恩克鲁玛泛非主义向非洲马克思主义的转变为视角》,《福建论坛(人文社会科学版)》2023 年第 4 期。

④ 亚当·塔卡奇、闫书帝(译):《社会主义匈牙利的存在主义、马克思主义和哲学文化》,《国外社会科学前沿》2023 年第 6 期。

⑤ 姚中秋:《发展型社会主义:中国式现代化与世界社会主义的方向》,《文化纵横》2023 年第 2 期。

⑥ 白建才:《跨学科视域下的情报学与冷战史研究》,《陕西师范大学学报(哲学社会科学版)》2023 年第 3 期。

播的特点,剖析了影响战略传播发挥效用的核心要素。①

　　人物是思想的承载者,也因而成为社会主义发展史研究的重点领域。俄文学界尤其关注苏联时期在政治、经济、军事等领域的重要人物。一些研究者关注到了革命早期的苏联领导人。十月革命胜利前后,以列宁为首的俄国布尔什维克提出了“世界革命”理论。在此基础上,列宁领导创建了共产国际。А. Ю.瓦特林选取了六位共产国际的领导人,即列宁、斯大林、拉狄克(Радек)、季诺维也夫(Зиновьев)、托洛茨基(Троцкий)和布哈林(Бухарин)作为分析案例,以共产国际中的个人史为研究视角,探究他们对“世界无产阶级革命”事业作出的实际贡献。② А. А.扎莫斯基亚诺夫关注到阿列克谢·雷科夫(Алексей Рыков)与新经济政策时期的经济战略之间的联系,勾勒出这个努力维护革命青年理想的国家管理者的一生,强调他为苏联第一个五年计划的工业化作出了巨大贡献。③ А. А.巴尔哈托夫试图从后世对费利克斯·捷尔任斯基(Феликс Дзержинский)——俄国革命家、全俄肃反委员会的创始人——两极分化的形象中,为其描绘出一个“革命导师”的形象。④ К. А.皮萨连科梳理了谢尔盖·基洛夫(Сергей Киров)的主要政治活动,指出他本是最受欢迎的党的领导人之一,因其受到刺杀,苏联无缘完成权力的和平转变。⑤

---

　　①　郑华、侯彩虹:《战略传播理论渊源与在美国外交中的应用:基于里根对苏外交的分析》,《西北师大学报(社会科学版)》2023 年第 2 期。

　　②　*Ватлин А. Ю. Утопия на марше. История Коминтерна в лицах. Москва: АФК «Система»*; Политическая энциклопедия, 2023.-896 с.

　　③　*Замостьянов А. А. Три жизни Алексея Рыкова: беллетризованная биография.* Москва: РОССПЭН. 2022.

　　④　*Бархатов А. А. Феликс Дзержинский. Иеромонах революции.* Москва: Система: Вече, 2023.

　　⑤　*Писаренко К. А. Сергей Киров. Несбывшаяся надежда вождя.* Москва: Вече: Система, 2023.

研究者对苏联军事领域重要人物的关注，也在本年度得到了体现。尼古拉·库兹涅佐夫（Николай Кузнецов）是苏联海军的重要领导人之一。В.В.什金强调库兹涅佐夫在第二次世界大战中的贡献，并指出他对俄罗斯海军的重要影响。① 叶菲姆·斯拉夫斯基（Ефим Славский）是苏联核工业的早期缔造者。А.Е.萨莫欣通过追溯斯拉夫斯基的生平，描绘出他与中型机械制造部、苏联原子能工业之间无法断开的联系。②

苏联党的领导人也是研究热点之一。С.哈明和 А.如巴诺夫利用阿纳斯塔斯·米高扬（Анастас Микоян）的个人档案及其亲属的回忆录等，试图塑造这位苏联领导人、政治活动家的人物形象。③ Н.В.彼德罗夫在《安德罗波夫时代》中，提供了从安德罗波夫未解的身世之谜到他作为中央苏区委员会总书记的主要线索，并着重叙述了安德罗波夫与克格勃之间的不解之缘。④

学界对苏联党内改革派人物的研究亦有所推进。阿列克谢·柯西金（Алексей Косыгин）是苏联党内著名的经济专家和务实派，并在 20 世纪 60 年代启动了新经济体制改革。В.Л.捷利钦基于柯西金改革的原始动机、方法论和最终目的，梳理了柯西金的生活及参与国家重大事件的活动。⑤ 亚历山大·雅科夫列夫（Александр Яковлев）作为改革派的名声不亚于柯西金。作为戈尔巴乔夫时期的"改革设计师"，他在苏联内外发生巨变的过程中发挥了不小的作用。В.Н.斯涅吉列夫利

① *Шигин В. В.* Николай Кузнецов-строптивый ставленник Сталина. Москва：Вече，2022.

② *Самохин А. Е.* Ефим Славский. Атомный главком. Москва：Вече，2023.

③ *Намин С., Рубанов А.* Анастас Микоян-от Ильича до Ильича. Четыре эпохи-одна судьба. М.：РОССПЭН，2023.

④ *Петров Н. В.* Время Андропова.-Москва：РОССПЭН，2023.

⑤ *Телицын В. Л.* Алексей Косыгин. "Второй" среди "первых"，"первый" среди "вторых". Москва：Политическая энциклопедия，2022.

用解密档案、公开资料、口述采访及回忆录,描绘了雅科夫列夫从前线战士到民主政府参与者的一生,试图探寻他在改革中的角色与位置。①

二、苏联早期的社会主义
政策及其实践研究

苏联建立之初,构建苏维埃政权的官方形象是重要的意识形态工作内容。B.И.希施金从内部权力变动的角度,论述了苏维埃政权官方形象的形成过程。作者指出,苏维埃的权力形象受到无产阶级专政学说、列宁和斯大林以及苏维埃俄国所处的客观的国际和国内军事政治和社会经济形势等因素的影响。权力形象的不稳定,反映了权力本身及其政策的演变。② M.O.伊万诺娃从国际地位的角度,关注 1920 年至 1935 年期间的"大国"概念。作者认为,在 20 世纪 20年代初,一些人试图将"大国"的地位赋予苏维埃俄国,并且在其所研究时期,大国叙事得以实现和稳定,主要因素是国家的内部成就而非对外政策。③ 这些成果都提到了意识形态对政权形象塑造的作用,深化了对苏维埃政权和苏联早期国家形象演变的认识。

苏联早期的外交关系与外交行为也受到了研究者的关注。A.M.格鲁施奇基于红色体育国际内部各部门之间以及苏联运动员与外部环境之间互动的文件,讨论了 20 世纪 20 年代苏联体育外交及其实

① *Снегирев В. Н.* Александр Яковлев. Чужой среди своих. Партийная жизнь «архитектора перестройки».-Москва: РОССПЭН, 2023.

② *Шишкин В. И.* Официальный образ Советской власти в России (октябрь 1917-декабрь 1929 г.) // Новейшая история России. 2023. Т. 13, № 3. С. 621 - 647.

③ *Иванова М. О.* СССР как «великая держава»: имперские нарративы и статус государства, 1920 - 1935 // Quaestio Rossica. 2023. Т. 11, № 3. С. 1041 - 1056.

践。① 李晓如追溯了苏联和罗马尼亚关于比萨拉比亚的谈判过程。文章认为,随着"集体安全体系"的失败与《慕尼黑协定》的签署,罗马尼亚转向支持德国,苏罗此前毫无进展的谈判过程对双边关系并未起到改善作用。②

对苏联早期的研究,还反映在经济建设领域。中东铁路是西伯利亚大铁路的南线,是中日俄(苏)经济和战略利益汇集之地。学界对这条路线的研究一直兴趣不减。H.K.谢苗诺娃讨论了该铁路项目的背景、建设和运行的历史,并从经济的角度,讨论了 1903—1931 年间该铁路对黑龙江流域的定居和整个远东地区经济增长的影响。③ 牛淑贞探讨了近代中、日、俄(苏)三国在东北亚路港系统上的竞争和俄(苏)在这个竞争中所经历的衰变。文章认为,中日路港系统的合力打击对俄(苏)在东北亚的路港系统造成的影响,改变了整个亚洲的政治经济格局。④

苏联早期的农业与农村社会也是研究者关注的重点。苏维埃政权的建立离不开苏联的农业与农民。B.B.康德拉申指出,农民是苏维埃政权在内战中的重要依靠力量,为布尔什维克政权、工业中心和红军提供粮食、原材料,履行各种国家义务,在战争前线参加红军,从而使苏维埃政权赢得了内战。⑤ 农业强制集体化是苏联第一个五年

① *Глушич А. М.* Становление советской спортивной дипломатии: структуры и практики // Российская история. 2023. № 5. С. 139 – 153.

② 李晓如:《20 世纪 20—30 年代苏罗关系的发展变化与比萨拉比亚问题》,《历史教学(下半月刊)》2023 年第 1 期。

③ *Семенова Н. К.* Значение китайской Восточной железной дороги для экономического развития северо-восточного Китая (1903 – 1931 гг.) // Россия и Китай: история и перспективы сотрудничества. 2023. № 13. С. 163 – 168.

④ 牛淑贞:《近代俄(苏)在东北亚路港系统的衰变》,《学术界》2023 年第 10 期。

⑤ *Кондрашин В. В.* Крестьянство-источник людских и материальных ресурсов в гражданской войне для советской власти // Исторический курьер. 2023. № 4(30). С. 49 – 68.

计划期间在农村开始实行的政策。B.A.伊林内赫分析了 1930—1932 年苏联农业集体化的历史,指出大规模集体化造成畜牧业生产力下降,粮食平均年产量和总收成也有所下降。[①] 不过吕卉认为,正是农业集体化运动推动了苏联农村社会化进程,苏联农村第一次完成医疗体系覆盖,尽管这种医疗保障的质量并不算高。[②] A.A.普利苏里亚以西西伯利亚西部国营农场中政治部的创建和活动历史为例,分析了一五期间苏联国营农场的政治生活变化。[③]

苏联在第二次世界大战期间的政治军事行为,是世界社会主义发展史研究的重要议题。二战期间,苏联为抗击法西斯德国及其盟友,需要在宣传、外交、政治等方面做出相应的政策应对及行为转变。弗拉基米尔·佩恰特诺夫收集整理了战争期间斯大林与罗斯福、丘吉尔的往来书信,揭示了苏、美、英领导人的互动以及通过书信建立关系方面的细节。[④] O.C.玛卡洛娃梳理了二战期间苏联对敌人形象塑造的缘起、过程和结果。作者认为,二战的艰难,成为苏联领导层重塑敌人形象的契机,在对敌人负面特征的宣传之下,苏联人民也学会了憎恨敌人。[⑤] Ю.З.康托尔分析了 1942—1943 年肖斯塔科维奇的《列宁格勒交响曲》在苏联境外首演的筹备情况,以及对政治机构、人道主义精英和普通听众的影响。作者认为,该曲在西方的

① *Ильиных В. А.* Сельское хозяйство СССР в 1930 - 1932 гг.: динамика, факторы развития // Исторический курьер. 2023. № 4(30). С. 69 - 79.

② 吕卉:《20 世纪 30 年代苏联农村医疗卫生体系的构建》,《贵州社会科学》2023 年第 6 期。

③ *Плясуля А. А.* Политотделы совхозов Западной Сибири в 1933 - 1934 годах // Исторический курьер. 2023. № 4(30). С. 80 - 91.

④ 弗拉基米尔·佩恰特诺夫,云晓丽译:《克里姆林宫的信件》,天地出版社,2023 年。

⑤ *Макарова О. С.* Формирование образа врага в начальный период Великой Отечественной войны и переосмысление стереотипов советской пропаганды довоенного периода // Новейшая история России. 2023. Т. 13, № 3. С. 584 - 591.

首演,表达了苏联的力量,也引发了人们对艺术在战争世界中的作用的思考。①

一些学者关注苏联境内央地之间的经济关系史。Е.Ю.祖布科娃主编的档案集《苏联经济模式:联盟中心和波罗的海共和国(1965年4月—1975年)》揭示了联盟中心与波罗的海各共和国之间的经济关系史。该档案集为读者提供了波罗的海各共和国国民经济发展趋势、与联盟中心的关系、决策协调机制以及相关矛盾和冲突等方面的基础史料。② Д.Н.格鲁什科夫强调苏联远东地区的工业发展受到自然、社会规律和国家政策的共同作用,突出了客观因素与国家对地区政策的相互关系。③

三、冷战时期社会主义在多国的 发展与实践研究

战后随着国际局势的变化催生了冷战。社会主义国家在这一过程中虽然逐渐形成阵营,但是各国社会主义的发展与实践还是呈现了一定的多样化特征。

冷战起源是学界讨论的热点之一。沈志华从经济视角,特别是苏联的经济观念和政策的角度,探讨了冷战的起源和发生,强调了通

---

①　*Кантор Ю. З.*Завоевавшая мир: дипломатическое сопровождение зарубежных премьер Седьмой симфонии Д. Д. Шостаковича в 1942 - 1943 годах // Quaestio Rossica. 2023. Т. 11, № 3. С. 1057 - 1072.

②　*Зубкова Е. Ю.*（*отв. сост.*）Советская модель экономики: союзный Центр и республики Прибалтики. Апрель 1965 г.-1975 г. Москва: Кучково поле Музеон, 2022.

③　*Глушков Д. Н.* Промышленное развитие Дальнего Востока СССР в 1970-е гг. // Россия и Китай: история и перспективы сотрудничества. 2023. № 13. С. 41 - 43.

过经济关系重新解释冷战格局形成和展开的新框架。① 舒全智分析了二战后老挝反殖民运动的两个阶段即伊沙拉运动和巴特寮革命，揭示了地区局势的冷战化趋势对老挝政治框架的塑造影响，同时揭示了东南亚冷战格局的源起。② 苗威、宋欣屿探讨了冷战爆发前，苏联与日本、美国在朝鲜半岛的争夺和分割计划，以及这些活动对朝鲜半岛分裂进程的影响。由于苏联对朝鲜半岛事务的干预与东亚剧变在时间上耦合，东亚权力格局发生了横向调整，并演变为国际问题，是冷战兴起于东亚的重要因素。③ B.B.列别捷夫和 A.П.弗兰采夫通过比较 1945—1946 年间德国苏占区和朝鲜苏占区的军事管理机构及其面临的挑战，分析了两个地区的土地改革项目。作者认为，这些军事管理部门没有将土地改革作为当地苏维埃化的一个步骤，其共同目的是加强共产党社会的基础。④

二战的结束与冷战的兴起，使社会主义国家的治理模式逐渐向和平建设过渡。A.H.费多罗夫以联共(布)中央委员会秘书处的文件为基础，揭示了 1946—1952 年苏联各地区领导人的腐败规模和主要类型。作者认为，中央审议地方领导人违规行为后，对他们的处罚相对宽松，对职业生涯的影响有限。⑤ A.H.阿尔基佐夫主编的档案集

---

① 沈志华：《观察"冷战发生"的新视角——写在〈经济漩涡：观察冷战发生的新视角〉出版之前》，《华东师范大学学报(哲学社会科学版)》2023 年第 1 期。

② 舒全智：《从伊沙拉运动到巴特寮革命：老挝反殖民运动的转折——兼及东南亚冷战的源起》，《东南亚研究》2023 年第 1 期。

③ 苗威、宋欣屿：《冷战之前俄国对于朝鲜半岛分裂格局的推动》，《安徽史学》2023 年第 2 期。

④ *Лебедев В. В. Францев А. П.* Сравнительный анализ проектов аграрных реформ в советской оккупационной зоне Германии и Северной Корее (1945 - 1946) // Новая и новейшая история. 2023. № 4. С. 124 - 137.

⑤ *Федоров А. Н.* Злоупотребление и взыскание: коррупция региональных руководителей СССР в 1946 - 1952 гг. // Российская история. 2023. № 5. С. 103 - 120.

《苏共中央书记处：1969 年会议的工作记录与纪要》，揭示了苏联的决策机制，显示了中央政治局秘书处在苏联政治体制中的重要性，为历史研究奠定了坚实的资料基础。①

此外，一些研究者关注到苏联地州治理的发展与演变态势。П.С.格列别纽克关注了 1953—1957 年苏联马加丹州政治、经济和社会文化进程的动态，涉及强制劳动经济和国家建设局远东边区分局（Дальстрой）金矿危机、社会和政治生活、自由化和国家管理体制的转变、领导层的形成、社会经济模式的重组，以及文化、教育和科学的发展等方面。② В.В.康德拉申和 О.А.苏霍娃关注了 20 世纪 60—70 年代苏联奔萨州精英意识和管理实践中"苏联现代性"的形成问题，强调了社会经济转型对精英形成的影响。③ Р.В.帕夫柳克维奇和 Н.В.戈尼娜以克拉斯诺亚尔斯克为例，探讨了 20 世纪 80 年代苏联体制危机对移民流动的影响。作者认为，以前形成的克拉斯诺亚尔斯克与亚洲各共和国之间的移民交流方式在 20 世纪 80 年代继续发挥作用，但移民的数量和质量发生了变化。④

除了苏联之外，研究者也关注到其他国家的社会运动与国家治理间的联系。岳伟在《联邦德国新社会运动与国家治理研究（1967—1983）》一书中，讨论了联邦德国新社会运动的特点、其对国家治理变

① *Артизов А. Н.*（*под ред.*）Секретариат ЦК КПСС. Рабочие записи и протоколы заседаний. 1969 г. Москва：Издательство «ИстЛит»，2022.

② *Гребенюк П. С.* Рождение Магаданской области：Северо-Восток СССР в 1953 - 1957 гг. Москва：Политическая энциклопедия，2022.

③ *Кондрашин В. В.*，*Сухова О. А.* Формирование «советской модерности» и региональная элита в 1960 - 1970-е гг. // Новейшая история России. 2023. Т. 13，№ 3. С. 664 - 678.

④ *Павлюкевич Р. В.*，*Гонина Н. В.* Влияние кризиса советской системы на миграционный обмен между г. Красноярском и азиатскими республиками СССР в 1980 - 1989-е годы // Исторический курьер. 2023. № 4(30). С. 152 - 166.

革的影响以及国家治理变革的评价与启示,着重强调了新社会运动
对联邦德国早期国家治理体制和政策的冲击,以及其在解决社会问
题方面的贡献和局限性。①

冷战期间各国的意识形态政策及其对内和对外宣传,是美苏两
大集团开展人心之争的重要领地。Р.Ю.切尔维亚科夫探讨了苏联
《鳄鱼》杂志和相关漫画家在冷战时期的发展,特别关注了该杂志在
战后和20世纪50—60年代的漫画创作和宣传活动。作者着眼于漫
画家群体的地位、意识形态限制和该杂志在政治漫画流派发展中的
作用。② Е.А.费多索夫明确了1957—1965年苏联印刷宣传品中太空
主题的视觉符号框架。作者通过分析海报、漫画等,研究太空主题如
何在宣传中被视觉化,以及这些图像如何影响公民政治情绪和意识
形态。③ Е.В.普罗索洛娃研究了全苏电影出口公司在冷战时期作为
意识形态影响工具的作用。作者关注该公司的组织活动、历史发展、
工作机制,比较了苏联和美国的对外宣传原则。作者指出,由于一些
客观因素和工作组织上的失误,到20世纪80年代,该公司已不再履
行通过苏联电影传播意识形态影响的职能。④ М.Ю.普罗祖蒙施科
夫关注了苏联在国际体育组织中的成员资格、对外宣传的发展和影
响力,以及苏联对参与国际体育运动的方向的确定,聚焦于苏联如何

① 岳伟:《联邦德国新社会运动与国家治理研究(1967—1983)》,中国社会科
学出版社,2023年。

② Червяков Р. Ю. «Надо бить смехом»: журнал «Крокодил» и советские
карикатуристы в годы холодной войны (конец 1940-х-начало 1990-х гг.) // Российская
история. 2023. № 5. С. 121 - 138.

③ Федосов Е. А. Идеологема «космос» в образах советской визуальной пропаганды
1957 - 1965 гг. // Новейшая история России. 2023. Т. 13, № 1. С. 200 - 218.

④ Просолова Е. В. Всесоюзное объединение «Совэкспортфильм» как актор
идеологического влияния в период холодной войны // Новейшая история России.
2023. Т. 13, № 1. С. 185 - 199.

将政治引入大型体育运动。① А.И.库普利亚诺夫以苏联运动员为
1952 年奥运会的筹备为线索,讨论了苏联在体育上的孤立状态如何
被克服,以及苏联参与奥运运动的历史发展和苏联领导人对奥运的
态度从"恐奥"到"有信心领导"的变化历程。②

　　冷战时代社会主义阵营与资本主义阵营之间的关系不仅只有对
抗,还有更为复杂的互动过程。在本年的研究中,不少学者就探讨了
苏联与资本主义国家的互动或合作。Г.Е.吉格拉耶夫以 20 世纪 60
年代苏联和意大利之间的文化互动为主题,呈现了两国在文化领域
与外交政策宣传上的关系,以及文化交流对于国际关系的影响。作
者认为,这种互动与东西方关系的整体状况密切相关。③ 郑安光探
讨了 1980 年艾滋病在美国出现后,美苏两国围绕艾滋病溯源问题展
开的认知战。强调苏联通过宣传将艾滋病与美国军方制造的生物武
器联系起来,对国际关系产生了影响。④ 郑安光、秦水莲讨论了 1983
年大韩航空空难如何在冷战后期成为美苏政治竞争的一部分,同时强
调了里根政府采取的从舆论宣传到双边制裁等多方面的政治攻势,以
及对苏联造成的压力。⑤ 赵建伟分析了 1983 年"韩航事件"对美苏关
系的影响,特别关注里根政府的危机管理。他强调美国在危机中谨

---

① *Прозуменщиков М . Ю .* За политическими кулисами мирового спорта: СССР
и международные спортивные организации во второй половине XX в. // Российская
история. 2023. № 5. C. 170 - 182.

② *Куприянов А . И .* Олимпийский дебют советского спорта // Российская история.
2023. № 5. C. 154 - 169.

③ *Гиголаев Г . Е .* Советско-ит итальянские культурные связи в начале 1960-х
гг. // Электронный научно-образовательный журнал "История".-2022.-T. 13, № 12 -
1(122).

④ 郑安光:《20 世纪 80 年代美苏关于艾滋病溯源问题的认知战》,《世界历
史》2023 年第 2 期。

⑤ 郑安光、秦水莲:《1983 年大韩航空空难事件与里根政府的对苏政治竞争
策略》,《史学月刊》2023 年第 4 期。

慎克制与愤怒宣传之间的平衡,以及美国试图通过恢复低层次合作来缓解紧张关系。[1] 舒建中、秦莹分析了冷战时期美国航空政策,特别关注通过国际民用航空实施遏制战略。作者认为,国家利益考量和技术实力对比是决定航空冷战走向和国际民用航空格局的关键因素。[2]

邓峰在《1970 年代初美国对朝鲜缓和行为的反应与对策》中分析了 20 世纪 70 年代初朝鲜政府释放的缓和对美关系信号,以及尼克松政府的反应,强调美国在外交政策中对朝鲜采取的"表面友好"策略,其中既有朝鲜半岛局势的考量,也受到韩国盟友的影响。[3] 在《美国撤离部分驻韩美军决策研究(1969—1971)》中,他探讨了尼克松政府在1969 年至 1971 年间撤离部分驻韩美军的决策过程,以及这一决策对朝鲜半岛局势的影响。作者强调,部分驻韩美军的撤走,对 20 世纪70 年代初朝鲜半岛局势大幅度缓和产生了积极影响。[4] 杜春媚主编的论文集《冷战时期的美国与东亚社会》,探讨了美国在东亚的战略布局,以及这种布局对中国大陆、中国台湾、日本、韩国在政治、经济与军事等领域中造成的影响。[5] 赵沁、刘金源以 1956 年克洛玛事件对英国南海政策的影响为线索,讨论了英国在冷战背景下的南海政策调整和完善。作者强调英国通过联合盟友、保留对南沙岛屿主权要求、隐藏南海地区的利益诉求等"精明无为"策略,以应对克洛玛事件。[6]

---

① 赵建伟:《冷战时期美国的危机决策与行为规则探讨——基于对里根政府处理 1983 年"韩航事件"的分析》,《国际政治研究》2023 年第 2 期。

② 舒建中、秦莹:《美国航空冷战政策的缘起、演进和调整(1947—1963)》,《史学集刊》2023 年第 2 期。

③ 邓峰:《1970 年代初美国对朝鲜缓和行为的反应与对策》,《史林》2023 年第1 期。

④ 邓峰:《美国撤离部分驻韩美军决策研究(1969—1971)》,《四川大学学报(哲学社会科学版)》2023 年第 2 期。

⑤ 杜春媚:《冷战时期的美国与东亚社会》,秀威信息,2023 年。

⑥ 赵沁雨、刘金源:《衰落帝国的"精明无为":克洛玛事件与 20 世纪中叶英国的南海政策》,《学海》2023 年第 3 期。

黄若泽探讨了冷战初期,美国洛克菲勒基金会通过与中国福利基金会合作,在中国推动翻译计划背后的政治动机。作者重点分析了翻译计划对中国文化及文学的影响,以及中国文协在其中的角色,并强调文化冷战中,美国基金会试图通过文学传播影响目标国文化。①

在整个冷战时代,资本主义国家一直关注着社会主义国家的最新动向及思想动态发展的情况。B.T.容克布柳德、A.B.佐林通过美国情报部门的材料,研究了 1948 年 2 月捷克斯洛伐克危机。作者分析了美国情报机构在此事件中的关注点、信息来源、判断与预测,探讨了美国对苏联参与捷克斯洛伐克政权更迭的态度,并对类似事件的防范策略。② 赵京华聚焦于 20 世纪 50 年代冷战时期日本的民族主义和中国革命叙述,从战败和国家重建的角度出发,将中国革命看作日本民族解放和社会革命结合的新范例。③ 王洪喆、孔煜也关注 20 世纪 70 年代美国知识界对中国等第三世界国家的发展模式进行研究的历史。④ 张杨分析了在 20 世纪 60 年代冷战背景下,美国的区域研究(尤其是东方学)与马克思主义东方学之间的竞争。张以 1967 年国际东方学学者会议为例,展现了知识权力博弈的三重景观:传统东方学与区域研究的博弈、美苏之间竞争影响力的博弈,以及亚非学者抵制欧美国家重构新旧殖民主义的博弈。⑤ 王秀涛讨论了第二

---

① 黄若泽:《翻译的政治:冷战初期洛克菲勒基金会与中国文协翻译计划》,《世界历史》2023 年第 2 期。

② *Юнгблюд В. Т.*, *Зорин А. В.* Февральский кризис 1948 года в Чехословакии в материалах американских спецслужб // Новая и новейшая история. 2023. № 4. С. 138 – 150.

③ 赵京华:《1950 年代日本的民族主义与中国革命叙述》,《南国学术》2023 年第 3 期。

④ 王洪喆、孔煜也:《"潮汐车道":冷战、中国式现代化与西方发展研究的第三世界源流》,《开放时代》2023 年第 4 期。

⑤ 张杨:《冷战背景下的知识权力博弈——以 1967 年国际东方学学者会议为个案的探讨》,《世界历史》2023 年第 3 期。

届世界青年联欢节对当代中国文艺产生的影响。作者强调该联欢节是战后国际格局的产物,并探讨了这一事件对中国文艺的影响,以及国际主义与社会主义与民族主义之间的矛盾。①

苏联和美国在第三世界的争夺或是单方面援助,亦是本年学者关注较多的话题。李聪慧讨论了艾森豪威尔政府对缅甸的援助活动,特别关注美国对缅甸中立外交的认知演变。作者强调美国在援助过程中的妥协和退让,以及援助目标上的分歧,突显了冷战时期美国外援面临的结构性矛盾。② 刘恒分析了1962年中印边界冲突后,美国对印度进行军事援助的情况。作者以援助过程中双方对中国威胁的判断和应对方式、国防建设目标等核心问题上的分歧,反映美印关系发展的限度。③ 隋雪濛通过战略三角理论,分析了美国在中印边界问题上的政策演变。作者指出美国逐渐放弃在该问题上的中立立场,公开支持印度,这一转变与中美印战略三角中关键地位的逐渐丧失有关。随着中印相对实力上升和中美对抗性加剧,美国在三角结构中的地位滑向了中美对立的"侧翼"位置,导致其需要通过挑拨中印关系重新获得战略优势。④ C.B.马佐夫以苏联档案为基础,研究了尼日利亚内战期间苏联对联邦政府的军事援助。作者探讨了尼日利亚政府请求援助的背景,苏联与尼日利亚进行的武器交易,以及援助对苏尼关系的影响。作者认为,这种军事援助尽管没有使尼日利亚转变为苏联的盟国,但带来了苏尼关系的升温和双方

---

① 王秀涛:《世界青年联欢节:文化冷战与当代中国文艺发生的"世界时刻"》,《中国现代文学研究丛刊》2023年第11期。

② 李聪慧:《冷战初期缅甸中立外交与美国对缅援助》,《东南亚研究》2023年第3期。

③ 刘恒:《美国对印度第一个五年国防计划的援助和限制(1962—1965)》,《史学集刊》2023年第2期。

④ 隋雪濛:《战略三角、关键地位变动与美国政府在中印边界问题上的偏好转变》,《南亚研究》2023年第3期。

合作的深化。①

冷战时期社会主义国家间的关系，是世界社会主义发展史研究的重要内容，社会主义国家间的战略合作、外交关系更是其中的热点。V.纳乌姆金通过研究柯西金与越南、中国、朝鲜领导人就越南战争的谈判，探讨了苏联在 1965 年第二次印度支那战争中确定的战略路线。作者认为，苏联的这一战略路线具有极大的偶然性。② В.Ж.多罗霍夫分析了中苏冲突结束后中国和苏联的外交努力。作者特别关注了中苏通过外交手段解决冲突的努力，包括民间外交技巧的应用，如非正式会晤、联合庆祝活动、信函等。③ 陈弢评介了东欧国家档案与当代中国外交史研究，强调这些国家与中国在冷战时期的密切合作，以及其在中国改革开放初期的影响。④ 还有一些研究者关注了社会主义国家间的经济联系。А.А.波波夫和 С.А.特鲁什尼科娃分析了 20 世纪 50—70 年代经互会在经济一体化方向制定中的困难，强调了社会主义国家维护国家利益立场对协调计划的阻碍。⑤ А.А.波波夫还通过分析 1957 年苏联与中国互动的经验，指出苏联打

①　*Мазов С. В.* Военная помощь СССР федеральному правительству во время гражданской войны в Нигерии（1967 - 1970）// Новая и новейшая история. 2023. № 4. С. 167 - 188.

②　Naumkin V., "It Is Favorable To the Forces of Socialism to Keep the Americans in Southeast Asia Longer": The Presidium of the CPSU Central Committee in the Determination of the Strategic Line of the USSR in the Second Indochina War of 1965 // *Modern and Contemporary History*（Moscow）. 2023. No. 3. PP. 131 - 153.

③　*Дорохов В. Ж.* Использование КНР методов народной дипломатии в ходе попытки дипломатического разрешения советско-китайского конфликта в 1970 - 1972 гг. // Россия и Китай: история и перспективы сотрудничества. 2023. № 13. С. 112 - 117.

④　陈弢:《东欧国家档案与当代中国外交史研究》,《中共党史研究》2023 年第 2 期。

⑤　*Попов А. А., Трушникова С. А.* Пределы кооперации: координация пятилетних планов стран СЭВ и проблема дефицита сырья（1950 - 1970-е годы）// Социология науки и технологий. 2023. Т. 14, № 1. С. 32 - 50.

算通过与中国的互动来扩大对外贸易,并以此论述了苏联寻求进入全球市场的战略。①

科学交流、医疗合作也是研究社会主义国家间关系的重要领域。M.B.科瓦廖夫探讨了苏联与捷克斯洛伐克以及斯洛伐克之间的科学关系发展。通过比较研究苏联—捷克斯洛伐克的科学接触,作者强调了档案材料对"社会主义科学"现象进行比较研究的重要性,并阐述了苏联和捷克斯洛伐克科学家在社会实践中的多层次交流。② B.C.格鲁兹金斯卡娅和 K. B.萨克论述了苏联和捷克斯洛伐克历史学家委员会的成立过程及其最初几年的活动。作者认为,该机构成立得太晚,未能起到促进苏捷关系的作用。③ O.C.纳戈尔内赫论述了中华人民共和国在与苏联合作时期医疗体系组织的历史演变进程。作者强调中国医疗体系模式设计受到苏联经验的影响,并特别反映在流行病学和感染控制等领域。④

冷战时期一国的科技发展与科技管理能力,是体现本国甚至本集团实力的重要渠道之一。研究者们对社会主义国家科技水平的探讨,往往集中于苏联一国。郭春生关注科技革命与苏联兴衰之间的

① *Попов А. А.* СССР и поиск стратегий выхода на глобальные рынки: опыт взаимодействия с КНР в 1957 г. // Россия и Китай: история и перспективы сотрудничества. 2023. № 13. С. 148 – 155.

② *Ковалев М. В.* Советско-че чехословацкие интеллектуальные связи в контексте научной дипломатии Холодной войны (проблемы изучения) // Электронный научно-образовательный журнал "История".-2022.-Т. 13, № 12 – 1(122).

③ *Груздинская В. С., Сак К. В.* Комиссия историков СССР и ЧССР: специфика создания и деятельности в 1960 - е годы // Новая и новейшая история. 2023. № 3. С. 154 – 168.

④ *Нагорных О. С.* Система здравоохранения Китая перед угрозой глобальных вызовов медицины: адаптация советского опыта 1940-е -начало 1960-х гг. (по материалам отечественных архивов) // Россия и Китай: история иперспективы сотрудничества. 2023. № 13. С. 141 – 147.

关系,指出科技革命的发展与苏联的国力密切相关。作者认为,苏联在信息化等最新科技革命方面的延误,对其国力衰退产生了基础性影响。① 季莫费·斯科连科以专题案例的形式展示了苏联自成立至解体期间的发明创造和技术革新,突出了典型发明和发明家。作者对苏联的科技贡献予以肯定,也在与西方的对比中反思了苏联在科技创新方面的不足。② A.B.萨夫罗诺夫和 P.H.阿布拉莫夫介绍了美国项目管理技术 PERT 在苏联的传播,以及其苏联版本(“СПУ 系统”)如何在建筑规划和苏联国家计划委员会工作中实施。作者认为,美国组织技术在苏联的迅速传播并不是简单的借用,而是试图使其适应管理的任务和对象。③ Г.A.奥尔洛娃从话语和制度层面探讨了苏联科技管理转向协调的过程,强调解冻时期制度变革和组织形式的创新。④

　　军用原子能的出现为“冷”战提供了持续性的保障,社会主义国家的核武器、核战略、核危机等议题受到了研究者的持续关注。H.B.梅尔尼科娃分析苏联原子能项目的人员配备过程,包括原则、形式、方法、机制,以及组织、管理、教育、经济和社会措施等。作者揭示了人的因素在苏联向核大国转变过程中的关键作用。⑤ 赵万鑫以苏联建立的两座“核中心”之一的第 1011 研究所为例,对冷战时期苏联核

　　① 　郭春生、胡志伟:《科技革命与苏联兴衰的关系论析》,《当代世界与社会主义》2023 年第 1 期。

　　② 　季莫费·尤里耶维奇·斯科连科(杜明禹,王泽坤,刘茗菲译):《苏联发明史:从 1917 年到 1991 年》,中国科学技术出版社,2023 年。

　　③ 　*Сафронов А . В ．，Абрамов Р . Н .* «Волшебный график»: внедрение метода сетевого планирования в СССР в 1960-е годы // Социология науки и технологий. 2023. Т. 14, № 1. С. 66 - 86.

　　④ 　*Орлова Г . А .* Оттепель научно-технической координации в СССР // Социология науки и технологий. 2023. Т. 14, № 1. С. 106 - 134.

　　⑤ 　*Мельникова Н . В．* Советский атомный проект: опыт кадрового обеспечения. Москва: Политическая энциклопедия, 2022.

中心的发展历程进行了考察。作者强调,该研究所在苏联核研究、核试验、核部署和人才培养方面发挥了重要作用。① 张广翔、赵万鑫探讨冷战初期,苏联通过组织实战演习,培训部队使用核武器的实战能力。作者对托茨克军演进行研究,认为该次军演验证核武器在实战中的效果,并提前预警了核战争的风险。② 李丽考察了第一次朝核危机的历史,探讨了美朝之间的谈判、协议和紧张局势。作者强调了框架协议存在的问题,认为这对朝核问题的再次浮现埋下了伏笔。③ 陈波通过解读艾森豪威尔时期美国的"大规模报复"战略,研究美国在亚太地区部署战术核武器的历史。作者试图通过复原美国在亚太地区部署战术核武器的历史,呈现冷战时期美国核政策执行过程中存在的"威慑"与"禁忌"两重性。④

战后社会主义体制下的经济发展,是国际社会主义史研究中的重要选题。本年度研究者们多以苏联为对象探讨这一问题。A.B.扎哈尔琴科着重探讨了国家计划委员会在 1945 年至 20 世纪 50 年代军工企业转制中的作用。作者强调,该机构在制定经济政策战略上的关键作用以及该机构在军工转制问题上采取的独立立场,限制了军工部门的"机会主义"。⑤ E.A.科切特科娃探讨了 20 世纪 50—70 年代苏联林业发展的主要趋势,特别关注技术和工程在林业现代化

① 赵万鑫:《科技冷战与苏联核中心——以第 1011 研究所为例》,《史学月刊》2023 年第 10 期。

② 张广翔、赵万鑫:《核战预警:苏联托茨克军演》,《经济社会史评论》2023 年第 1 期。

③ 李丽:《第一次朝核危机的历史考察——基于美国新近解密档案的实证分析》,《四川大学学报(哲学社会科学版)》2023 年第 6 期。

④ 陈波:《威慑与禁忌:艾森豪威尔时期美国在东亚的核部署研究》,世界知识出版社,2023 年。

⑤ *Захарченко А. В.* Госплан и проблема конверсионного перехода в военной промышленности СССР во второй половине 1940-х гг. // Российская история. 2023. № 5. C. 84 - 102.

中的角色。作者分析了苏联林业部门经历的行政改革,强调了技术和新工艺在工业化林业中的决定性作用,以及它们与共产主义物质基础建设的关联。① A.A.波波夫研究了 20 世纪 60 年代后半期苏联的汽车工业发展政策,尤其是安全带的引入过程。文章揭示了安全带引入背后的复杂过程和机构之间的利益冲突。②

1990 年前后的社会主义阵营大动荡,也是学界关注的热点话题。E.P.库拉波夫利用苏联经济和预测部的档案资料,研究了苏联解体前后的经济情况。文中提到该部门对国家经济形势、问题和未来策略的观察,涉及国家计划、经济部门、企业、地区经济等多个方面。③ Б.Н.米罗诺夫探讨了 1990—1991 年间苏联各自治共和国的主权运动。通过对全苏人口普查数据的分析,作者提出了自治治理本土化的分期,并强调各自治共和国本土化的速度适中、缺乏宪法规定的分离权以及缺乏外部援助等因素,防止了俄罗斯联邦的解体。④ Д.В.马斯洛夫聚焦于戈尔巴乔夫改革和 20 世纪 90 年代苏联人意识和行为的转变。基于广泛的资料来源,作者展示了改革对普通公民的影响以及他们试图在生活各领域影响转型的图景。⑤

---

① *Кочеткова Е. А.* Дискурс модернизации в лесной экономике позднего СССР // Социология науки и технологий. 2023. Т. 14, № 1. С. 51 - 65.

② *Попов А. А.* Пристегнуть гражданина: внедрение ремней безопасности в советских автомобилях// Электронный научно-образовательный журнал "История". 2022. Т. 13, № 12 - 1(122).

③ *Курапова Е. Р.* Из истории деятельности Министерства экономики и прогнозирования СССР в 1991 г.: последний год империи // Историко-экономические исследования. 2022. Т. 23, № 2 (68). С. 323 - 351.

④ *Миронов Б. Н.* Почему не распалась Российская Федерация в 1991 г.? // Новейшая история России. 2023. Т. 13, № 3. С. 678 - 704.

⑤ *Маслов Д. В.* От советского человека к россиянину: реформы и социальная эволюция индивида (середина 1980-х-1990-е гг.) Москва: Научно-политическая книга, 2022.

　　在本年度的世界社会主义发展史研究中,学者们不仅探讨了社会主义思想在世界范围内的传播与影响,还涉及更加具体而微的多方面议题。诸如不同时期的政治史研究,探讨了苏联社会主义政权的建立、发展与崩溃;对央地关系的探讨,揭示了多国社会主义体系下中央与地方政府之间的权力争夺与协调;对民间外交活动的研究窥见了民间组织、公共活动在推动国际社会主义事业中的作用;对医疗卫生政策、体育活动以及特定群体的研究,展示了社会主义国家在社会发展各个领域的政策与实践。这些深入细致的探讨,丰富了对国际社会主义历史的理解,揭示了社会主义实践的多样性与复杂性。

下篇　专题报告

2023 年度海外中国革命(建设、改革)史研究报告^①

刘　莉

2023 年度海外中国革命、建设与改革史的研究延续了多年来的趋势。在不断深入拓宽的历史研究视野下,海外学者的研究视野从新民主主义革命到改革开放的历史长程中,提供了关于中国社会巨变的新视角和见解,也使 20 世纪的中国成为年度全球历史研究领域的热点领域。本报告旨在梳理年度海外中国革命(建设、改革)史的研究进展与趋向,展示海外学者如何利用多元化的研究方法与理念,深入探讨与解读中国社会政治发展的复杂性和多样化。报告主要分为中共党(革命)史、新中国史和改革开放史三个部分。

---

① 本文旨在介绍相关著述基本信息及利用线索,著述及作者本身的政治立场和取向,以及可能存在的一些片面、偏颇的观点和内容,这些并不代表本文作者的立场和看法,还望读者自行思考辨别。

一、中共党(革命)史研究

本年度海外学界有关新民主主义革命时期中共党史的研究较以往偏少,但依然呈现出一些新的趋势。其中最为显著的是,研究重心从过去对革命实践、思想转变以及政党建立的关注,逐渐转移到对该时期社会、文化和性别等方面的探究上。

关于五四运动研究,纽约新社会研究学院马克·弗雷泽(Mark W. Frazier)撰写的《"星星之火"与遗产:五四运动大事记》反映了研究焦点及方式的变化。即不再将目光主要集中在运动中的精英人物思想研究上,而是从事件本身出发,研究一个独立的运动如何迅速散布到其他地区,并引入新的参与者,以及对此后政治产生的一系列影响。弗雷泽运用"事件社会学"的方法追溯了北京的运动,并创建了一个上海运动数据库来说明恰恰是随机无序的行动与信息流促使北洋政府逆转其立场。文章试图引起人们对于那些引发连续抗议活动和意外政治结果的"星星之火"运动的更多关注。[1]

1924 年 5 月签署的《中苏协定》,是 20 世纪 20 年代中苏关系及苏联对华政策的重要时刻,标志着中苏关系正常化的开始。既往相关研究虽然很多,但对于这一时期中苏文化关系的建立关注较少,且更多地集中在中苏关系蜜月期(1949—1960),较少涉及 20 世纪 20 年代那段突然终结的小高潮期。俄罗斯科学院中国与现代亚洲研究所 A.L.维尔琴科撰写的《1920 年代全苏对外文化关系协会(VOKS)和苏中文化关系的形成》,一定程度上填补了空白。文

---

[1] Mark W. Frazier, "Single Sparks" and Legacies: An Eventful Account of the May Fourth Movement, *The China Quarterly*, Volume 253, March 2023, pp. 1 - 18.

章详细介绍了全苏对外文化关系协会(VOKS)在早期中苏文化关系形成中发挥的重要作用。1925 年 VOKS 成立后,在短短两年内作出了许多努力,包括通过苏联外交使团发布公报、提供图片资料供展览使用、在中国报刊上发表文章、在两国大型图书馆之间建立馆际交流,与一些科学和文化界人士建立联系等,甚至还计划在北京设立代表处或友谊协会,并开设俄语课程。然而,随着 1927 年"四一二"政变的发生改变了中国的国内局势,VOKS 在华活动也随之中断。①

　　在中共革命历程中,女性一直扮演着不可或缺的角色。妇女解放和发展一直是中国共产党成立以来较为关注的议题。然而,过去的研究对于新民主主义革命时期普通女性的处境关注并不充分。本年两篇以基督教女性为研究对象的论文,就探讨了城乡两地、不同知识水平的普通女性如何参与历史进程。近代以来,教会学校一直是女性接受教育的重要途径之一。这些接受了新知识的新女性如何看待以及应对时局变化,成了研究者的关注对象。伦敦大学学院珍妮弗·邦德(Jennifer Bond)的《"我是如何被带入光明的":1917—1930 年华东教会学校女学生对童年的描述》,突破了传统的福音传播研究视角,从接受过教会学校教育的中国女学生的角度出发,深入探讨她们如何塑造自己的新角色,并将所学知识因应她们眼中 20 世纪初中国民族主义的迫切需求。② 澳大利亚国立大学文化、历史和语言学院 Zhou Yun 关注了农村妇女。她的研究主要集中在上海广

---

① Верченко А.Л., Всесоюзное общество культурной связи с заграницей и становление советско-китайских культурных связей в 1920-е годы // Восточная Азия: факты и аналитика 2023, № 1. C. 6 – 17.

② Jennifer Bond, "How I Am Brought into the Light": Representations of Childhood by Missionary Schoolgirls in East China, 1917 – 1930, *Twentieth-Century China*, Volume 48, Number 3, October 2023, pp. 250 – 269.

学会创办的《女星》(*Woman's Star*)杂志上。该杂志主要面向半文盲的中下层妇女，展示了农村妇女如何通过家庭生活和基督教信仰来改变当地社区。随着时局的变化，《女星》逐渐加大了对社会问题的关注，提倡妇女积极参与社会活动，如政治参与、志愿救济等，从而培养了女性的社会责任意识，为当时中国基层妇女的解放和启蒙作出了积极贡献。①

俄罗斯科学院东方研究所的 P.V.库尔涅娃在她的文章《日本与中国：东西方对立棱镜下的历史经验》中，首先讨论了 18 世纪下半叶到 20 世纪初，中日两国在与西方互动的背景下如何寻求民族认同，其次又重点分析了战后各国对于 1937—1945 年中日战争记忆的形成过程。文章指出，通过东西方对立的棱镜来审视这些问题，可以确定西方因素在中日近代历史经验的互相感知中所起的作用。这种研究方法允许我们审视中日两国在与西方接触中所面临的挑战和机遇，并探讨这些因素如何塑造了他们的国家认同和历史记忆。这种综合的分析有助于人们更好地理解中日两国之间的关系，以及他们在历史中的定位和角色。②

关于解放战争的研究总体数量较少，较有影响的研究主要是美国内布拉斯加大学林肯分校历史学系柯博文（Parks M. Coble）所著《国民党中国的崩溃：蒋介石是如何输掉中国内战的》。由于研究材料获取之难，海外学者的研究普遍集中在军事对抗方面，而经济层面的探讨则相对较少。《国民党中国的崩溃》是近年来出版的唯一一本

---

① Yun Zhou, Rural Reform in Republican China: Christian Women, Print Media, and a Global Vision of Domesticity, *Modern China*, Volume 49, Issue 3, May 2023, pp. 355 - 385.

② Кульнева П.В., Япония и Китай: взаимное восприятие недавнего исторического опыта через призму оппозиции «Запад-Восток» // Восточная Азия: факты и аналитика. 2023. № 4. С. 53 - 68.

详细研究国民党政权后期恶性通货膨胀问题的英文专著。在论述观点之外,作者也对近年来欧美学界的蒋介石研究著作①进行了反驳和回应。柯博文在书中主要探讨了国民党政府如何以及为何在第二次世界大战后取得胜利,却在短短几年后败给共产党军队,并将这一重大失败归咎于蒋介石在抗日战争期间和战后未能建立健全的财政政策来控制恶性通货膨胀。书中利用的史料很大程度上依赖斯坦福大学胡佛研究所所藏档案资料,如蒋介石日记以及宋子文、孔祥熙等人著述。这些资料决定了著作的叙事主要围绕最高决策者之间的通信展开。另一个重要资料来源为《中国新闻评论》(*The Chinese Press Review*)其中包含由美国领事馆收集并翻译成英文的中国剪报。②

延安时期的中国共产党发展和强化了一种具有深远影响的宣传文化,这种文化至今仍在中国产生着影响。当下中国倡导的"讲好中国故事"战略,就是回应并继承了毛泽东在 1942 年延安文艺座谈会上的讲话精神,即文艺应服务于人民大众,指引文艺工作的革命方向,并致力于政治事业。

牛津大学的 Amanda Zhang 研究了 1945—1949 年间作为中国共产党女性地下工作者的战时回忆。这些回忆揭示了女性在战争中的角色及其在历史叙事中的位置。Amanda Zhang 的研究以 20 世纪 80 年代后出版的自传、回忆录和回忆文章为基础,探讨了女性地下工作者的形象是如何被构建的,以及这些叙事如何作为一种意识形态工具。这项研究加深了我们对中共开展地下斗争活动和中国

① Jay Taylor, *The Generalissimo: Chiang Kai-shek and the Struggle for Modern China* (Belknap Press of Harvard University Press, 2011), Grace C. Huang, *Chiang Kai-shek's Politics of Shame: Leadership, Legacy, and National Identity in China* (Harvard Asia Center, 2021).

② Parks M. Coble, *The Collapse of Nationalist China: How Chiang Kai-shek Lost China's Civil War*. Cambridge: Cambridge University Press, 2023.

女性在党的历史中地位的理解,展示了性别、政治和历史叙事之间复杂的相互作用。①

二、新中国史研究

在过去的十年里,关于 20 世纪 50 年代中国的研究经历了显著的增长,这种趋势激发了对这一时期历史新的思考和讨论。安雅·布兰克(Anja Blanke)、朱莉·斯特劳斯(Julia C. Strauss)和余凯思(Klaus Mühlhahn)三位学者召集了来自中国、欧洲和美国的 20 多位历史学者,于 2017 年 8 月在柏林和 2018 年 10 月在汉诺威分别举办了两场题为"反思 20 世纪 50 年代的中国:新材料、新挑战、新方法"(Rethinking 1950s China: New Materials, New Challenges, New Approaches)的研讨会。两场研讨会的成果在 2023 年以论文集《革命性的变革:1950 年代的中华人民共和国》的形式呈现了出来。这些讨论整合了新中国历史上两个通常被分开考虑的时期:即 1949—1956 年时期和 1957 年以后的时期,并以阐述历史的不同尺度,从两极分化的系统到个人如何在社会主义建设中发挥作用的最局部分析等方面,对 20 世纪 50 年代的中国进行了细致入微的思考。作为对 20 世纪 50 年代中国历史新论述的成果汇集,该文集涵盖了社会主义建设的挑战、国际与国内环境变化以及中国治理模式如何适应和影响这些变化等内容,同时还展示了个人在社会主义建设中的作用和影响。在这些讨论中,学者们普遍指出了中国政治、社会、文化和经

① Amanda Zhang, Post-1980 Remembrances of Female Wartime Experiences as Communist Underground Operatives During the Chinese Civil War (1945 - 1949), *Twentieth-Century China*, Volume 48, Number 2, May 2023, pp. 110 - 129.

济在这个时期发生的深刻转变。①

　　土改是中国共产主义运动的一个重要组成部分。以往的研究已经表明,新中国成立后的土地改革意义不仅仅是土地的分配。赵仁杰(Jeffrey A. Javed)的《正义的革命者:中国国家形成过程中的道德、动员和暴力》,对土地改革运动(1950—1952 年)作了深入分析。该书强调土地改革不仅是物质财富再分配的过程,在更深层次上,它是中国共产党努力塑造、巩固自身权威和道德合法性的一部分。赵仁杰通过对 250 份县志的数据分析,结合档案文件、个人日记和口述历史访谈,揭示了土改运动如何动员集体力量以推进国家建设的目标。作者发现,土改运动中的集体力量不仅是农民阶级对地方精英的物质反抗,更是基于一种道德的动员。在此过程中,中国共产党并没有简单地激发一种阶级对立的感情,而是深入利用了农村社区内长期以来共同遵守的道德规范,即公平和正义的理念,鼓动了人们对地方精英的集体行动。这种行动旨在重新定义社会秩序,并通过剥夺地方精英以往的社会地位和资源,重新构建一个符合共产党理念的新社会结构。② 赵仁杰的著作为我们理解土地改革的深层意义提供了新视角,即这不仅是一次经济上的变革,也是政治和道德权威建立的过程。通过这种方式,共产党试图构建一种新的社会秩序和价值体系,这为之后的社会主义建设奠定了基础。土地改革因此成为中国共产主义历史上一个关键的转折点,不仅因为它改变了农村的经济和社会结构,更因为它深刻地影响了国家认同和权威的构建。

---

　　① Anja Blanke, Julia C. Strauss and Klaus Mühlhahn, eds., *Revolutionary Transformations: The People's Republic of China in the 1950s*, Cambridge University Press, 2023.

　　② Jeffrey A. Javed. *Righteous Revolutionaries: Morality, Mobilization, and Violence in the Making of the Chinese State*. Ann Arbor: University of Michigan Press, 2022.

安劭凡以"恶霸地主"为中心,研究了 1949 年北京郊区土地改革期间道德化阶级分化的微观历史。与赵仁杰著作的宏观分析不同,安文将目光转向了更为具体并且紧密的社区层面,探讨了土改如何在微观层面改变了农村社会的政治权力结构。通过深入分析地方档案,安劭凡展示了"恶霸地主"这一概念是如何形成的,以及这一概念是如何在国家建设过程中影响着中国社会的阶级结构和道德观念。这项研究突显了土改在经济利益和道德评判方面对农村的冲击。作者指出,土改以马克思主义的经济剥削观念,构建了对地主的全面否定。随着传统的农村统治阶级被解构,新的政治文化以及地主与农民之间的二元对立模式逐渐取代了以往的农村社会结构。①

德国弗莱堡大学丹尼尔·里斯(Daniel Leese)研究了中共建立"信息秩序"和如何管理信息流通的问题。作者通过详细考察 1953 年至 1966 年间中宣部主编的《宣教动态》,发现中共制定了一个双管齐下的信息传递机制。这个机制除了有政策动员方面的公开新闻,还有众多以内部参考或公报形式呈现的秘密反馈渠道。相较于公开新闻,这些内部信息渠道负责将事实与舆论分开,以便为领导层提供关于国内和国外事态发展的客观描述。这项研究揭示了官方媒体和秘密反馈渠道如何共同塑造了新中国早期的信息环境。这一系统的存在反映了中共对于信息控制的高度重视,作者认为这是保证社会稳定和政权安全的关键因素。②

美国卡内基梅隆大学历史系魏本岩(Benno Weiner)通过分析中

---

① Shaofan An, The Making of "Evil Tyrant Landlords": A Microhistory of Moralized Class Division during Land Reform in Beijing's Suburbs, 1949, *Twentieth-Century China*, Volume 48, Number 3, October 2023, pp. 189 - 207.

② Daniel Leese, The CCP Information Order in the Early People's Republic of China: The Case of Xuanjiao Dongtai, *Modern China*, Volume 49, Issue 2, March 2023, pp. 135 - 158.

共处理少数民族问题(特别是回族)的方式,揭示了早期中共在构建社会主义民族国家中的策略以及尝试解决民族沙文主义问题的方法,指出了其政策与实践之间的复杂性。这项工作为我们了解中共的民族政策提供了新的视角。①

新南威尔士大学的米纳娃·因瓦尔德(Minerva Inwald)②通过对 20 世纪 60 年代中国文化政策转变的考察,透视了"大跃进"后文化领域发生的变化。研究指出,这一时期中共领导人开始重新评估文艺工作的政治功能,特别是在如何通过艺术作品传递政治信息的方式上进行了思考。因瓦尔德强调了中共领导层对于艺术作品在政治宣传中的角色有了新的认识。他们认识到,艺术并不仅仅是传递政治主题的工具,而是可以通过激发观众的审美愉悦和提供满意的艺术欣赏体验来有效地传达政治信息。通过对 1962 年中国美术馆全新开幕展览的分析,因瓦尔德描绘出了这一时期中共试图通过提高艺术作品的审美价值来吸引大众参与,从而更有效地扩展其政治影响力的策略。这种策略的转变体现了一个更为复杂的审美政治策略,即认识到艺术的自身价值及其在提升社会文化素养、塑造公共情感和国家认同中的作用。因瓦尔德揭示了中共在这一时期如何通过更加注重艺术的审美功能来寻求知识分子的支持,并尝试修复"大跃进"期间造成的文化领域的损害。文章也突出了当时文化官员在艺术和政治之间探索不同平衡点的努力,为理解这段复杂历史提供了宝贵的视角。

---

① Benno Weiner, "This Absolutely Is Not a Hui Rebellion!": The Ethnopolitics of Great Nationality Chauvinism in Early Maoist China, *Twentieth-Century China*, Volume 48, Number 3, October 2023, pp. 208 - 229.

② Minerva Inwald, The Aesthetic Needs of the Masses: Cultural Work in the Aftermath of the Great Leap Forward, *Modern China*, Volume 49, Issue 3, May 2023, pp. 290 - 319.

多伦多大学的刘子贤(Zixian Liu)以床单为例,讨论了当时中国的工业设计与材料特性。这项研究提供了一个独特而具体的视角。通过分析床单这一看似平凡的日常用品,研究者探索了当时的工业设计、经济体制和社会政治关系。这项研究挑战了以往研究的一个主要盲点,即往往忽视消费品作为研究对象时的物质性和具体属性,仅仅将其作为社会经济分析的抽象概念。通过将民光牌床单的材料特性放在当时的大框架下分析,文章不仅揭示了物品如何体现中国特定的政治经济制度,还展现了这些物品与中国民众的日常生活紧密关联的方式。如床单的耐用性和物质特性反映了当时经济自给自足的政策、社会主义现实主义的工业设计原则、反对计划报废的态度,以及对棉纤维的特别偏好。这些都是该时期中国社会经济结构和价值观的表现,同时也体现了从物质文化角度可以理解政治经济制度。①

纽约市立大学的李柯(Ke Li)讨论了毛泽东时代的农村妇女在法庭上寻求离婚的经历。作者通过对四川省两个乡镇十多年的深入田野调查,生动地描绘了 1949 年至今农村妇女如何在紧张的婚姻关系中挣扎,如何调动国家法律来争取亲密关系中的自由和权利,以及司法机构如何回应这些妇女的诉求。作者给出的答案是,法院既没有让妇女更容易离婚,也没有在分配子女抚养权和财产时偏袒她们。② 加州大学圣地亚哥分校的王楚楚就从金融、政治、城乡鸿沟、性别和个人等方面对 1949—1976 年间的县级教育体系进行研究。这项研究指出,教育扩张、国家对资源的大力汲取和政治运动构成了

---

① Zixian Liu, Revolutionary Bedsheets: Industrial Design and the Material Properties of Maoist China, *Twentieth-Century China*, Volume 48, Number 2, May 2023, pp. 159 - 177.

② Ke Li. *Marriage Unbound: State Law, Power, and Inequality in Contemporary China*, Stanford, CA: Stanford University Press, 2022.

相互促进的体系，加剧了城乡差距和性别不平等问题。该研究挑战了人们对这个时代教育政策的传统理解，尤其是财政制度和社会格局对教育扩张的影响，既为新中国教育史的研究提供了新视角，也对理解当时中国的社会经济结构变化特别是城乡之间以及性别方面的不平等，提供了重要的参考。①

小三线建设是近年来国内新中国史研究领域受到广泛瞩目的问题，这也影响了本年的海外新中国史研究。上海大学徐有威和加拿大多伦多大学王弋文（Y. Yvon Wang）合编的《冷战时期中国军工联合体的日常生活：来自上海小三线的声音，1964–1988》，通过日常生活的叙述深入探讨了小三线工人的生活与中国的军事工业战略之间的关系，及其对之后中国经济和社会的深远影响。这项工作扩展了小三线研究的地域和主题，更重要的是它通过生活史的叙述方式为人们提供了冷战时期中国工业和社会历史的新视角，突出了在全球地缘政治背景下，个体和社区生活的变迁与持续。②

在国际冷战史研究的影响之下，国际学界新中国时期的中美、中苏和中日关系都有较为深入的研究，本年亦不例外。美国圣地亚哥州立大学阿米林·加西亚（Amiling Garcia）和瑞安·约瑟（Ryan Joseph）讨论了毛泽东、尼克松和中美和解之间的关系。文章通过细致分析原始资料和两位领导人的战略思想，揭示了中美和解不仅是出于国际战略考量，还受到了两国内部政治局势变化的显著影响。在中国方面，"文化大革命"以及 1969 年中苏边界冲突都对毛泽东调

①　Wang, Chuchu, *Revolution on a Budget: Finance, Politics, Urban-Rural Divide, Gender, and Individuals in the Local Education System in Mao's China, 1949–1976*, PhD diss., University of California, San Diego, 2023.

②　Youwei Xu and Y. Yvon Wang, eds., *Everyday Lives in China's Cold War Military-Industrial Complex: Voices from the Shanghai Small Third Front, 1964–1988*, Switzerland: Palgrave Macmillan/Springer Nature, 2022.

整中国的外交政策走向具有影响；在美国方面，尼克松也将中美关系的改善看作一种战略机动，旨在隔离越南，迫使其接受和平解决方案。尼克松还希望通过中美接近，提升自己的国内与国际形象，特别是在美国国内面临抗议和不满的背景下。这份研究使人们更好地理解了中美关系转变的复杂背景，特别是强调了内政如何影响对外政策的制定。[①]

香港大学人文学者协会皮特·米尔伍德(Pete Millwood)着重于讨论非传统外交人员在中美关系改善中的作用与贡献，重点讨论了乒乓球运动员、音乐家和科学家对中美关系变化的影响。通过聚焦1971 年的乒乓外交及随后的文化交流，米尔伍德展示了一群被认为与高层政治决策相距甚远的个体——乒乓球运动员、音乐家、科学家在两国关系转变中扮演的不可忽视的角色。传统外交关系的研究往往集中于政府官员、国家领导人及其政治决策，米尔伍德的研究揭示了"软实力"和民间交流在塑造国际关系中的重要性。通过展示文化和科学交流在中美关系改善中发挥的关键作用，米尔伍德揭示了外交活动是如何超越传统的政治领域，涉及更广泛社会和文化层面。书中记录的人物和事件展示了普通人如何在大国政治中发挥作用，突出了人文交流在影响国际关系中的独特而重要的作用。[②]

中日关系的变化与改善也是国际学界讨论的焦点。美国哈佛大学吴博皓(Wu Bohao)讨论了中日外交关系以及两国之间的竞争与协调。吴博皓深入分析了中日两国在冷战时期的竞争与合作关系。

---

① Amiling Garcia, Ryan Joseph, *For Security and Peace: Mao, Nixon and Sino-American Rapprochement*, 1964 - 1972, M.A.diss., San Diego State University, 2023.

② Pete Millwood, *Improbable Diplomats: How Ping-pong Players, Musicians, and Scientists Remade US-China Relations* (New York: Cambridge University Press, 2022).

他从经济外交的角度出发,考察了 1950 年到 1972 年期间中日关系中的不稳定友谊和实际存在的竞争。文章强调自新中国成立以来至中日邦交正常化前,两国之间的关系对整个亚洲地区产生了重大影响,推动了区域经济一体化的进程,促进了技术转让、合资企业和跨境贸易的发展。① 美国威廉玛丽学院的魏美玲(Emily Wilcox)以松山芭蕾舞团《白毛女》创作与接受为例,讨论了中日两国间的文化艺术交流。魏美玲指出,松山芭蕾舞团 1958 年改编的中国土改剧《白毛女》,应该放置在 20 世纪 50 年代中日关系的大背景下进行解读。魏美玲通过对当时中文资料的研究,揭示了该芭蕾舞剧的创作过程、演出情况以及接受度,探讨了这件艺术作品如何成为一个文化符号,在日本、中国和苏联之间掀起的互动和影响。她还指出,中国对于这部剧的反应反映出当时中日关于友谊的不同论述和期望。②

中加关系同样成为本年研究的重点。傅尧乐(B. Michael Frolic)通过讲述加拿大自 1970 年以来加拿大与中国关系的发展历程,展示了中加关系如何随着时间推进而经历变化。从皮埃尔·特鲁多承认中国,到其子贾斯汀·特鲁多领导加拿大试图重新定义与中国的复杂关系。傅尧乐详细记录了加拿大对华政策的十个重要时刻,成为理解两国关系当前状态和未来发展方向的重要参考。③ 刘云研究了1960 年至 1963 年间中加两国在粮食贸易中的互动。该研究认为,即使在正式外交层面存在紧张和争议,两国在贸易和经济层面上展现

① Wu Bohao, *Uneasy Friends and Convenient Enemies: Sino-Japanese Competition and Coordination in Cold War Asia*, 1950-1972, PhD diss., Harvard University, 2023.

② Emily Wilcox, Sino-Japanese Cultural Diplomacy in the 1950s: The Making and Reception of the Matsuyama Ballet's The White-Haired Girl, *Twentieth-Century China*, Volume 48, Number 2, May 2023, pp. 130-158.

③ B. Michael Frolic. *Canada and China: A Fifty-Year Journey*, Toronto, Buffalo and London: University of Toronto Press, 2022.

出的务实互动还是为两国关系增添了另一个维度。通过"去他者化"的叙述和强调双方的共同利益,刘云发现,两国民间的商业和经济活动能为减轻政治紧张和构建相互信任奠定基础。①

三、改革开放史研究

2023 年海外学者关于中国改革开放时期历史的研究成果不少,并主要从经济学、政治学、社会学等角度,或宏观或微观地追溯改革的历史轨迹,试图从不同层面解读中国的发展、中国所取得的经验和未来发展的方向。其中较为引人注意的是三项分别从无线网络、铁路货运、航空三个角度分析中国基础建设历史的研究。

美国华盛顿大学的陈建清(Jianqing Chen)通过聚焦中国无线网络基础设施的发展,揭示了中美科技合作与竞争背景下的历史进程,以及新自由主义经济和信息技术发展之间的互动。这项研究不仅揭示了中国无线网络发展的技术和商业层面,而且还挑战了现有的叙述,为理解中国在全球科技资本主义系统中的位置提供了新的视角。②

香港城市大学的谢燕娜(Linda Tjia Yin-nor)聚焦于中国铁路货运服务的发展,特别是在供给侧结构性改革背景下,地方企业家精神如何在政策模糊性和中央—地方权力分化的条件下发挥作用。通过对中铁快运和中欧班列的案例分析,这项研究展示了中国的政治

---

① Liu Yun, Survival through Pragmatic Thinking: Revisiting the Untold Stories behind the Canada-China Grain Trade, 1960 - 63, *China: An International Journal*, Volume 21, Number 1, February 2023, pp. 160 - 176.

② Jianqing Chen, From Cold War Geopolitics to the Crisis of Global Capitalism: The History of Chinese Wireless Network Infrastructures (1987 - 2020), *The China Quarterly*, Volume 255, September 2023, pp. 644 - 662.

管治结构在适应经济改革的过程中的灵活性和复杂性。①

科罗拉多大学博尔德分校的访问学者马克斯·赫什(Max Hirsh)②聚焦于中国航空基础设施的发展,特别是境外技术专家在推动中国航空基础设施现代化和全球一体化过程中的作用。这项研究不仅展示了中国如何通过吸收和融合国际技术和知识加速自身的基础设施建设,还探讨了中国在全球基础设施网络中的领导地位,以及如何将此作为对外政策的工具来推动其经济发展模式的国际输出。

台湾吴介民的英文译著《竞争对手:台湾企业家和广东官员如何打造中国发展模式》,主要讨论了在国际政治经济背景下,台湾企业家如何与广东地方官员合作,共同参与并推动了中国大陆经济发展的历史。吴介民的工作填补了对于中国经济崛起中台湾作用和贡献的认识空白,挑战了过去对中国发展模式的简单化解释。书中详细考察了 20 世纪 70 年代亚洲地缘政治的转变和 20 世纪 80 年代以来全球价值链重组的背景下,台湾企业家面对的风险与环境,仍然选择将资源投入中国大陆。通过在广东等南部省份的投资,台湾企业家不仅为"世界工厂"的崛起奠定了基础,也间接助力了大陆的经济奇迹。吴介民通过这本书强调,没有台湾的投资,就不会有广东模式,也就难以想象大陆能有如此快速的经济崛起。这种对中国发展模式的新解释挑战了常规的叙述,更多地强调了跨区域合作的框架,揭示台湾商人与大陆地方官员合作,如何将全球经济资源导入和融入大陆。这本书既提供了了解两岸关系史和中国改革开放历程的新

---

① Linda Tjia Yin-nor, Fragmented but Enduring Authoritarianism: Supply-side Reform and Subnational Entrepreneurialism in China's Rail Delivery Services, *The China Quarterly*, Volume 256, December 2023, pp. 905 - 918.

② Max Hirsh, The Transnational Origins of China's Aviation Infrastructure, *The China Quarterly*, Volume 255, September 2023, pp. 663 - 678.

视角,也揭示了全球化背景下的经济发展是如何跨越政治隔阂,通过区域合作达到互利共赢的。①

美国学者朱利安·格维茨(Julian Gewirtz)以中国 20 世纪 80 年代的历史演进为中心,讨论了 20 世纪 80 年代的中国在寻求现代化道路上的激烈争论和尝试,特别是经济改革和政治自由化的讨论,及其在 20 世纪 90 年代的变化。书中特别强调了邓小平在中国改革如何在争论和改变中不断前行中的影响力,以及对这一时期历史变革的官方叙事。② 新加坡国立大学东亚研究所的单伟(SHAN Wei)以教材为分析文本,讨论了改革年代中国的意识形态变迁模型。该模型表明,即便在民族主义言论增强的时代,马克思主义、毛泽东思想和邓小平理论仍然是中国的意识形态基石。③ 美国丹佛大学国际关系学院的赵穗生分析了毛泽东以来中国各代领导人的外交政策方向和实践,并据此提出了一个以领导力为中心,整合多个变量来解释中国国际行为的理论框架。这个框架既关注领导人的个人特质,还分析领导人如何重塑他们的政治和制度环境,以此来推动他们的政策和设置国家的优先事项。④

韩国西江大学的孙大权(Son Daekwon)研究了中韩实现外交关系正常化的历史,为人们揭示了 1992 年中韩外交关系正常化的背后

① Wu Jieh-min (trans. by Stacy Mosher), *Rival Partners: How Taiwanese Entrepreneurs and Guangdong Officials Forged the China Development Model*, Cambridge, MA and London: Harvard University Press, 2022.

② Julian Gewirtz, *Never Turn Back: China and the Forbidden History of the 1980s*, Cambridge, MA: Belknap Press, 2022.

③ SHAN Wei, Layering Ideologies from Deng Xiaoping to Xi Jinping: Tracing Ideological Changes of the Communist Party of China Using Text Analysis, *China: An International Journal*, Volume 21, Number 2, May 2023, pp. 26 - 50.

④ Suisheng Zhao, *The Dragon Roars Back: Transformational Leaders and Dynamics of Chinese Foreign Policy*, Redwood City, CA: Stanford University Press, 2023. pp. 358.

因素。中韩关系正常化一直是现代东亚国际关系史研究中的关键问题，对理解中国的外交战略和区域政策调整具有重要意义。孙大权通过详实的档案研究，挑战了之前普遍认为中韩建交延迟是因为中朝之间意识形态上的亲密和团结的观点。他指出，中国对安全的担忧才是影响其外交决策的核心因素。中国担心被亲苏联势力包围，这一担忧在中苏关系紧张的背景下尤为突出。但随着 1985 年起中苏关系的逐步改善，中国开始重新考虑与韩国的关系。孙大权的分析还强调了国际政治格局变化对中国外交政策的影响。随着东欧国家的解体和苏联的崩溃，国际冷战格局出现了根本性变化。中国试图通过与韩国建立正式外交关系来构建一种策略性的"防疫线"，目的是防止在一个新的国际环境中，美国、日本和韩国可能形成的反华统一战线。①

长期以来，在海外媒体的印象中，报道中国一直是最具挑战性和最重要的新闻任务之一。美国媒体对中国的报道深刻地影响了美国政府的政策，同时也影响了国内的公众舆论，甚至因为美国新闻机构的影响力和覆盖面，也影响了全世界的公众舆论。基于此，美国记者眼中的中国，无疑是从他者视角理解中国的重要窗口。2023 年，美国有线电视新闻网记者齐迈可（Mike Chinoy）就汇编了一本自 1940 年代以来美国驻华记者的口述史。这些口述分享了他们报道历史性时刻的幕后故事，例如 1972 年的尼克松访华、中国的对外开放和崛起。与此同时，记者们也详细介绍了报道一个复杂而神秘的社会所面临的挑战，并对八十年来中国的政治、经济和社会变革提出了自己的见解。②

①　Daekwon Son，When Beijing Chose Seoul over Pyongyang：China - South Korea Diplomatic Normalization Revisited，*The China Quarterly*，First View，Published online by Cambridge University Press：16 May 2023，pp. 1 - 17.

②　Mike Chinoy，*Assignment China: An Oral History of American Journalists in the People's Republic*，New York：Columbia University Press，2023.

　　总之,2023年度海外学界关于中国革命、建设及改革开放的历史研究,呈现了一些较为鲜明的变化趋势。首先是研究议题的转换,即从传统的政治、军事、思想等议题,开始转向社会史、文化史乃至更为细腻的情感史领域。这种变化趋势既推动了中国史研究范式与方法的更新,还带来了跨学科、多领域的研究思维;其次研究群体的多元化,除了传统的历史学者,政治家、记者和技术专家也纷纷加入中国的研究队伍之中,他们或出于对中国的热爱或出于质疑,都为海外的中国研究注入了新鲜血液;最后是研究对象和研究素材的日渐丰富,除了常规的档案记录和口述历史,声音和物质实物也成为研究对象或研究史料。上述这些变化,既推进了本年度的海外中国革命、建设及改革开放历史研究的学术进步,也可为国内的相关研究提供参考。

2023 年度社会主义历史
人物研究报告

马立民

人物是历史活动的主体。在 2023 年度的社会主义历史研究中,人物史的研究占据了相当大的篇幅,其中仅中文文章就达 150 余篇。本报告择其精者 100 余篇,大体包括了中共历史人物、中共革命与社会主义建设中的民主人士、以普通民众为主体的小人物以及世界社会主义历史人物等四个方面的内容。概而言之,本年度学界对社会主义历史人物的研究,呈现了如下几个特点。一是对中共历史人物的,且研究时段相对集中于新民主主义革命时期,新中国时期中共历史人物的研究相对较少;二是研究方法和研究视野日渐多元,民主人士尤其是以普通民众为代表的小人物的历史研究开始受到较多的关注。不过总体而言,本年度的人物史研究,无论在方法论还是在解释框架和史料利用方面,都缺少较为显著的突破。

一、中共早期人物研究

中共早期人物是中共人物史研究的重要内容,本年亦是如此。本年的早期人物史研究,主要以李大钊和陈独秀等人的研究为主。隋金波从李大钊的知识图景出发,讨论了李大钊在马克思主义基本理论和方法指引下对宗教问题的论述,认为其阐释的宗教根源、本质、作用以及对待宗教的态度,已经形成了初步体系化的马克思主义宗教观,为中国共产党早期认识宗教、理解宗教、制定宗教政策、推动宗教工作提供了极重要的学理支撑。他对"非基督教"运动的支持及对宗教信仰自由、宗教与自由相分离等的提倡等都构成了新中国成立后和改革开放后中国共产党阐释宗教理论、推动宗教实践的基本前提。① 赵婉华通过梳理 1913 年《言治》月刊中的李大钊宪法理论文章,认为李大钊早期宪法思想的内容主要是关于"弹劾"、国家结构形式、政权组织形式、宪法与法律公布权属等方面,呈现出其重视宪法,强调制宪权归属;重视国情,强调从中国实际出发;重视法理,强调对宪法概念的明辨三个方面的特征。②

胡庆祝从地缘、人员的角度对李大钊与哈尔滨红色交通站建立的关系进行了探析。文章主要讨论了哈尔滨成为红色交通站的地缘优势是什么? 李大钊为哈尔滨红色交通站的建立做了哪些方面的准备? 李大钊等早期马克思主义者通过哪些路径在哈尔滨聚合? 李大钊在哈尔滨红色交通站建立的过程中起到了哪些历史作用等问题。

---

① 隋金波:《中国共产党宗教理论的早期探索:李大钊马克思主义宗教观叙述》2023 年第 4 期。

② 赵婉华:《李大钊早期宪法思想:基于 1913 年〈言治〉月刊的审视》,《华北理工大学学报(社会科学版)》2023 年第 3 期。

胡文指出,李大钊以派陈为人、李震瀛、马骏等人到哈尔滨宣传马克思主义,为哈尔滨红色交通站的形成奠定了思想基础,红色哈尔滨也为瞿秋白、杨明斋、张太雷、俞秀松、周恩来、黄镜等人赴莫斯科提供安全保证等,使得哈尔滨红色交通站在中共建党与革命史上具有不可磨灭的功绩。①

拒斥暴力的人道主义,与主张阶级斗争的马克思主义,在社会历史的发展进程中代表了两种不同的政治立场。李大钊曾推崇托尔斯泰的人道主义,信奉"勿以暴力抗恶"的思想理念。既往的研究认为,李大钊早期思想受到了托尔斯泰人道主义的影响,在其转向马克思主义的过程中划清了与人道主义的界限。但对李大钊人道主义认识的变化及李大钊如何从人道主义转向马克思主义研究不多。周子健认为:从人道主义转向马克思主义的过程中,李大钊经历了从"勿抗恶"的人道主义到革命的人道主义、从"群众意志"的人道主义到无产阶级的人道主义、从"人心改造"的人道主义到"物心两面改造"的人道主义的认知转变。在这一过程中,李大钊吸收了托尔斯泰反抗专制的革命精神、强调"群众意志"的民本思想;舍弃了托尔斯泰"勿以暴力抗恶"的社会改造理念、主张人心"悔改"的唯心史观;接受了马克思主义的阶级斗争学说、唯物史观和经济学说,从而实现了向马克思主义的彻底转向。由此可见,人道主义是李大钊转向马克思主义的重要思想媒介。②

近些年来,学术界对李大钊的新中华民族主义、新亚细亚主义以及共同体思想等问题,已有若干探讨,但对第一次世界大战期间李大

---

①　胡庆祝:《李大钊对建立哈尔滨红色交通站的重要贡献探析》,《北京联合大学(人文社会科学版)》第 21 卷第 2 期总第 80 期。

②　周子健:《从托尔斯泰到马克思:李大钊对人道主义的认识和超越》,《党史研究与教学》2023 年第 1 期。

钊"亚洲联邦""人类一体"等思想形成尚有推进空间。杜品认为，第
一次世界大战的爆发打破了欧美列强在华的均势格局。日本乘机侵
略中国的同时，鼓吹"大亚细亚主义"论调，引发中国激烈回应。李大
钊在抨击"大亚细亚主义"的过程中，从个人、国家、区域国际关系和
全人类等四个维度出发，思考建构"亚洲联邦""世界联邦"及"人类一
体"等问题，展开对"人类命运共同体"思想的先期探索。李大钊有关
民族自决、国家平等、公理人道原则以及共同体的论述，具有溯源与
理解中国共产党提出的"人类命运共同体"思想的理论价值和现实
意义。①

　　孙颖、张林鹏考证和辨别 1920 年秋季学期开始到 1923 年春季
学期结束，李大钊在北京大学史学系和政治学系开设的"唯物史观"
课程以及其编著的《唯物史观讲义》。文章指出，现藏于中国共产党
历史展览馆的讲义共 7 篇文章，形成于 1918—1920 年间，早于李汉
俊所编的唯物史观课程讲义。文章认为，该讲义的发现既展示了《马
克思的经济的历史观》一文的全貌，也为校勘、排印《原人社会于文字
书契上之唯物的反映》《中国古代经济思想之特点》两篇文章提供了
新的底本，具有重要的史料价值。②

　　汪兵考察了五四期间李大钊与《新潮》杂志的关系。汪文指出，
李大钊不仅积极关心与支持新潮社的发展，还在《新潮》上发表了三
篇重要文章，即《联治主义与世界组织》《物质变动与道德变动》《青年
厌世自杀问题》。总体来看，这三篇文章大致凸显了李大钊马克思主
义思想发展的轨迹，既深刻展现李大钊是如何看待中国传统的伦理
道德问题的，也表明李大钊在不断关注和寻求社会问题的解决方法。

---

　　①　杜品：《从"亚洲联邦"到"人类一体"：李大钊对"人类命运共同体"思想的
先期探索》，《东北师大学报（哲学社会科学版）》2023 年第 1 期。

　　②　孙颖、张林鹏：《李大钊〈唯物史观讲义〉考析》，《北京党史》2023 年第 1 期。

汪文认为,李大钊在大力传播马克思主义的同时,注意加强对进步社团活动的鼓励和指导,恰恰为中国共产党创建奠定了良好的基础。①

　　陈独秀也是中共早期人物史研究中的重点人物。在本年的研究中,杨泰龙考察了中共成立前陈独秀的革命思想。杨文指出,陈独秀最初极力推崇以实现共和为目标的政治革命,在感受民国政局混乱之后,转向民众的心理建设,并将"革命"内涵加以拓展,延展至伦理、道德、文学等各方面。五四运动后,陈独秀开始眼光向下,主张民众运动。在对世界劳动运动历史规律进行总结的过程中,他由主张民众运动发展为主张劳工革命。陈独秀主张的革命具有多重向度,两种不同类型的"社会革命"与"政治革命""经济革命"等关系复杂。最终,两种"社会革命"在社会主义道路前提下合而为一,"经济革命""政治革命"则独立性消解并融入"社会革命"之中。②

　　徐涛考察了中共二大前后孙中山和陈独秀的关系。他发现,孙、陈二人的关系经历由初次相识到并行渐远,再到相向而行成为革命同志的巨大转变。尽管如此,徐文还是认为,第一次国共合作之所以能够达成,来自苏俄与共产国际的意见固然重要,但归根到底还是中国两个革命党之间的合作,而合作双方之领袖——陈独秀与孙中山如何看待合作、看待对方,是同盟关系能否真正落地的关键因素。而孙、陈关系的剧烈变动,无疑是中共统一战线政策形成、第一次国共合作得以维系的重要成因。③ 连文妹对中共三大前后陈独秀革命思想的演变进行了剖析。连文以陈独秀写于三大前后的《资产阶级的革命与革命的资产阶级》《中国国民革命与社会各阶级》两篇重要文

---

①　汪兵:《李大钊在〈新潮〉所发三篇文章论析》,《北京党史》2023 年第 1 期。

②　杨泰龙:《多向度的"革命"中共成立前陈独秀革命思想演变探究》,《苏区研究》2023 年第 3 期。

③　徐涛:《论中共二大前后的陈独秀和孙中山》,《中共党史研究》2023 年第 2 期。

章为中心,考察其联合战线思想、国民革命领导权思想,以及中国社会各阶级在革命中的地位理论等的新发展,因国共分歧日趋凸显及大革命失败,与陈独秀异见者对其思想实践进行了批评,视之为右倾机会主义的思想。连文指出,中共三大前后国共合作的发展和国民革命的走向,使陈独秀之思考具备马克思主义中国化历程中的时代特色,有因事而化、因时而进的现实主义考量。其对资产阶级的认识和对农民革命性的认识,对于农民参与革命问题的思考亦有一定的讨论价值,对于后来的革命领导者亦有不小的启发。对此,应该历史地、逻辑地看待和分析。①

潘天成对瞿秋白将"Realism"译为"现实主义"的理论意义与现实价值进行了考察。他认为,瞿秋白的翻译主要呈现三个方面的特点:第一,"现实主义"这一译法建立在本土话语和邻邦中介基础之上,与"写实主义"相比,更加契合马克思主义的原义。第二,这一翻译拓展了"现实主义"的理论资源,实现了中国传统文化、中国革命实际、马克思主义之间的有效结合,是马克思主义中国化的成功实践。第三,这一翻译对当下的文艺创作与理论研究具有重要的现实价值,既回应了关于人物塑造、作者身份等文艺创作的问题,又提供了建构自主知识体系的实现路径。②

20 世纪初的中国是社会文化的剧烈变动期。青年人以其热情和对新事物的敏感,更贴近地体会和推动着社会文化的嬗变。多年来,学界关于这一时期的讲述,较多集中于文化和观念的角度。与观念的变化相对应,这一时期,日常生活的变化,由于细微琐碎,虽不大

---

① 连文妹:《中共三大前后陈独秀的革命思想演变——重读〈资产阶级革命与革命的资产阶级〉〈中国国民革命与社会各阶级〉》,《开放时代》2023 年第 6 期。

② 潘天成:《"现实"的话语重构——瞿秋白对"现实主义"的译介新论》,《江淮论坛》2023 年第 4 期。

为人所注意,却也和观念文化一样,处于迅速变化之中。在某种程度上,这样的变化或许有其更为基础的意义。黄道炫以《恽代英日记》为中心,考察了 20 世纪初的这场新生活潮流,内容包括:卫生和清洁、男女平权、女子和家庭、稿酬和生计、国歌和国货等,都是在基本生活层面对时代变迁的回应。黄文认为:新生活虽然不像新文化那样引人注目,却由于其渗透进人们的生活日常,可能具有更为基础的意义。这里面的关键是,新生活总体上向着符合人性的方向走,是人类在此一历史阶段的共同选择,其昌大光明,伴随着的是时代的潜势力。[①] 严鹏考察了恽代英与中国工业文化的早期发展,认为恽在其母校中华大学汲取了工业文化的养分,又传播了工业文化。在加入中国共产党后,恽又以论战的方式鼓吹中国应工业化,大大促进了中国工业文化的发展,而其设想的中国工业化的新道路,也为中国工业文化注入了新的内涵。[②] 李哲以 20 世纪 20 年代恽代英等人在川南进行教育改革进而推动西南地区的新文化运动为中心,讨论了西南地区的新文化运动人物与恽代英的思想转变过程。李文指出作为"新文化运动的对手方",西南当地士绅群体对西学新知的开放态度,使得新文化传播成为可能。但是随着改革事业的推进,新旧之间在理念上的根本分歧逐渐显露,恽代英试图通过学生自治对抗士绅所推崇的礼教,终因政权更迭、校长撤换而导致学潮的爆发和士绅的强势反弹,促使原本态度稳健的恽代英趋于激进迅速转向武装革命道路。[③]

　　黄爱军对张太雷出席共产国际三大进行了探析。黄文认为,张太雷曾以中国共产党代表的身份出席共产国际第三次代表大会,此

---

① 黄道炫:《恽代英的新生活》,《中共党史研究》2023 年第 1 期。
② 严鹏:《恽代英与中国工业文化的早期发展》,《东方学刊》2023 年第 2 期。
③ 李哲:《川南"新文化运动"与恽代英的思想转折——基于新旧双方互动的视角》,《四川师范大学学报》2023 年第 2 期。

说法并不符合史实。事实上，张太雷主要是因俄共（布）党员、俄共（布）在华革命委员会成员等特殊身份而被共产国际选为代表的。张太雷不是中共早期组织选派参加共产国际三大的正式代表，张太雷报告亦不是中共早期组织向共产国际提交的报告。中共最终被共产国际正式认可，主要是由中共的性质、坚定的信念、强大的凝聚力等自身因素所决定的。① 陈旭楠、唐闻晓质疑了共产国际执委会的中国籍委员"张凯"就是张太雷的说法。他们根据共产国际相关档案史料，认为"张凯"并非张太雷，而是另有其人。张太雷系执委会下设的一个筹备远东各民族代表大会的委员会成员，而并非执委会候补委员。②

蔡和森是中共早期杰出的理论家和宣传家，他在上海大学讲授"社会进化史"时整理出版了中国第一部用唯物史观研究社会发展史的著作《社会进化史》。李永春认为，《社会进化史》是蔡和森最早运用唯物史观阐述人类社会发展及历史规律的著作，蔡从家庭家族、私有财产和国家的起源和进化，具体阐述人类社会进化历史，详细阐析人类社会进化的根本原因，科学阐释社会发展的规律和趋势。不仅对教育青年学生接受马克思主义理论，走上革命道路产生重要影响，而且对于译介和传播马克思主义学说产生了深远影响，开启以马克思主义理论研究中国社会发展史的先河。不仅通过译介和传播马克思主义经典著作，而且用马克思主义理论来研究和解决中国问题，无疑是马克思主义中国化的成功尝试。③

---

① 黄爱军：《张太雷出席共产国际三大新探》，《广东党史与文献研究》2023 年第 3 期。

② 陈旭楠、唐闻晓：《共产国际三大执委会中的"张凯"并非张太雷——与任牧商榷》，《广东党史与文献研究》2023 年第 1 期。

③ 李永春：《蔡和森对马克思主义社会发展理论中国化的探索——以〈社会进化史〉为中心的考察》，《党史研究与教学》2023 年第 2 期。

　　学界关于 1920 年至 1921 年蔡和森旅法期间的思想研究成果相当丰富,主要聚焦于他的马克思主义观和建党思想。这些研究认为,当留法勤工俭学生受无政府主义的熏陶,国内趋新的知识群体尚在"浑朴的社会主义"和"复调的马克思主义"中摸索时,蔡和森已成为走向列宁主义的先驱。这种思想轨迹被归结为蔡和森"鲁莽看法文书报"和"猛看猛译"的结果。侯庆斌通过考察旅法期间蔡和森革命观的形塑与表达,以及法语读物提供的思想资源,这些资源在与时代议题的互动过程中如何进入蔡和森的表达等问题。侯文认为,第三国际的刊物和小册子塑造了旅法期间蔡和森的革命观,促使他认同列宁的革命学说,选择阶级斗争和无产阶级专政作为改造中国的途径,强调建立共产党和依靠共产国际的必要性。蔡和森接受上述革命理论,还与他早年的经世热情、献身精神和践履气质相关。社会主义论战期间,蔡和森对唯物史观和革命论的阐发带有唯意志论色彩。这种解读基于对列宁主义的理解和改造中国的迫切心态,成为 20 世纪 20 年代贫弱的中国何以能走俄国道路的一种答案。①

　　杨匏安被视为华南传播马克思主义第一人,在 20 世纪初译介和传播马克思主义中作出了巨大的贡献,党史界将其与李大钊并称为"北李南杨"。学界对于他的研究主要集中在其生平事迹和对马克思主义的传播。但迄今为止杨匏安译做的研究没有得到翻译界的关注,徐彩华、赵碬文将杨匏安的译作置于当时历史文化的宏观背景下加以审视,从翻译选材、翻译策略和翻译特点等方面分析梳理了杨匏安在五四时期、建党初期以及 1927 年大革命失败后三个阶段的译作,总结了杨匏安在译介和传播马克思主义方面的两大贡献。

---

　　①　侯庆斌:《旅法期间蔡和森革命观的形塑与表达》,《中共党史研究》2023 年第 2 期。

他们认为，杨匏安的贡献主要体现在两个方面：一是推动了马克思主义的系统传播，其译介工作主要围绕着唯物史观、革命思想和政治经济学三条主线展开；二是推进了马克思主义核心术语在中国的规范化进程。①

对中共主要创始人和早期领导人李达的研究集中在抗战时期李达与一二九师司令部建设上。张城林、罗玉明对李达任一二九师参谋长期间加强司令部建设的措施及取得的成果进行初步探讨。他们指出，李达在担任八路军一二九师参谋长兼太行军区司令员期间，为贯彻落实党中央提出的关于司令部建设必须适应正规化作战的指示，开创性地提出了"三个面向"原则。依据部队作战与战争形势发展需要，他对一二九师司令部职能机构进行了"战斗化""精干化""专业化"的阶段性改革，在参谋工作人才培养方面，采取了"业务能力为基础、军事技能为中心"的系统性策略。在任职一二九师参谋长期间，李达不仅建立健全了分工明确的司令部组织系统，还培养了一大批优秀的参谋人才，为保障军事斗争的胜利发挥了重大作用。②

二、文化人物及民主人士研究

中共在领导革命、建设与改革的漫长历史过程中，培养和团结了一大批文化人物及民主人士，以共同推进中国的革命与现代化建设

---

① 徐彩华、赵暇：《20 世纪初杨匏安对马克思主义的译介和传播》，《新闻与传播研究》2023 年第 7 期。

② 张城林、罗玉明：《抗战时期李达与一二九师司令部建设》，《湘潭大学学报（哲学社会科学版）》第 47 卷第 3 期。

事业，这些人物同样成为本年社会主义历史人物研究的焦点。

郭沫若的《十批评书》是抗战时期史学界的一部名著，是他继《中国古代社会研究》以后有关先秦社会史、思想史最系统的论述，也是 20 世纪 40 年代中国马克思主义史学的代表作之一，曾引起中外学界的广泛关注。郭氏对该书的自我期许甚高，中国共产党党报党刊也积极宣传郭著，扩大影响。但阵营内外的读者却多持批评、质疑的态度，主要与他们对郭氏"褒孔贬墨"观点作泛政治化的解读有关。郭氏与同道的学术纷争聚焦于西周社会性质和孔墨思想的阶级属性，他的学说在同道中属于少数派，几乎受到普遍非难；阵营外的读者或误解郭著的写作意图，或批评他出奇制胜，实证不足，亦多不接受郭的观点。李孝迁以 1950 年前后的相关论述为分析对象，揭示了《十批判书》被"受"与"拒"的具体情形，借此检讨研究中国马克思主义史学时易陷入的若干认识偏差。李文认为，研究马克思主义史学需要警惕：文本与语境相脱离；文本本意与读者会意相混淆；回避马克思主义史家群体内部的论争；放大以学论政的面相，忽视以学论学的追求等。①

在本年的另一篇文章中，李孝迁剖析了范文澜与郭沫若之间关于西周社会性质的隐秘论辩。范主张西周封建论，郭坚持西周奴隶说，他们的学术分歧在史学界众所周知。进入 20 世纪 50 年代，彼此交锋更为频繁，互有影响。然而，范郭的论著多采取隐匿的论述方式，又经多次删改，使双方原本存在或明或暗的呼应文字，变得更加隐晦曲折，不易建立起关联，似乎他们只是各自平行地发表观点，没有往复论辩。既有研究也有意无意地凸显中国马克思主义史家群体的"和谐"面相，淡化或遮蔽他们之间同样存在论争、分歧、争胜，乃至

---

① 李孝迁：《郭沫若〈十批判书〉的同时代反响》，《史学理论研究》2023 年第 2 期。

掺杂意气成分。李文认为,范郭皆陷事先预设的理论藩篱,前者从生产关系入手,后者看重生产力,分别从两条不同的路径出发,论证西周社会性质。他们都在各自的理论架构内找力证,导致双方都无法说服对方。范与郭在论著中长期存在隐秘交锋,吸引了大量学者参与辩论,彼此间构成了一张交错的"对话网"。范郭论辩多由范氏挑起,而郭氏是被动的应战者。他们"你来我往"的隔空较量,不尽是纯学术的,但都高度克制,顾虑对手的感受,事后默默地删改敏感文字,仍属同一阵营内的"争鸣"性质。①

杨霖怀、王建华则对范文澜的经典著作《中国通史简编》进行了研究。他们认为,学界当前的研究侧重于梳理范文澜人民史观形成的理论渊源和历史经过,阐释"劳动人民是历史的主人"的主旨意蕴,强调范文澜基于人民立场书写历史的独特价值等,但对其不同文本的比较研究则不足。杨、王以抗日战争时期的初版本、解放战争时期的订正本以及新中国成立以后的修订本为中心展开研究。他们认为,范文澜围绕"劳动人民是历史的主人"这一主题,应用阶级分析法厘定近代前不同历史时期的人民内涵,书写生产、阶级、民族三个斗争场域中的人民主体力量,秉持历史主义、以人民利益为标准评价封建社会统治阶级,运用大众风格写史,勉励人民承担不同时期的历史责任。当《中国通史简编》中斗争、革命的叙事权威变迁为如今奋斗、现代化的主导话语时,则需要思考如何贯通"生产和生活""阶级和社会""民族和文明",立体书写人民历史,展现人民合力。②

张越对侯外庐的马克思主义史学研究进行了分析。张文认为,

---

① 李孝迁:《范文澜与郭沫若的隐秘论辩——以西周社会性质为中心》,《文史哲》2023年第1期。

② 杨霖怀、王建华:《范文澜〈中国通史简编〉与人民历史的书写》,《党史研究与教学》2023年第4期。

侯外庐在李大钊支持下翻译《资本论》,十年译读的经历不仅使他具备了深厚的马克思主义理论素养,而且促使他在 20 世纪 30 年代前期走上中国马克思主义史学研究之路。侯外庐"自树独见"地阐释亚细亚生产方式问题,表现出明确的马克思主义中国化诉求、世界史研究视野、与国外学者的对话意识等特点,大大深化了中国马克思主义史学的学术内涵,与今日建构中国历史学自主知识体系的学术目标多有契合。① 张连勇对改革开放后胡乔木对中共党史书写的理论进行了剖析。张文指出,胡乔木强调的中共党史书写应在总结经验教训的基础上,为科学的政治建设服务,成为思想斗争的理论武器。在对党史问题的阐释上,胡乔木提出,运用科学态度、科学方法、科学论证来阐述党史的各种根本问题,生动、丰富的党史书写应回归党史本身的研究。胡乔木认为,以论代史的书写方式不能反映党史的全貌,只有明晰党史发展的脉络、在宏观叙事过程中展现党史重要人物与事件、重新探究被以往视角遮蔽的历史过程,才能全面、准确地进行党史书写。②

文学和文艺在中国特色社会主义意识形态的构建中发挥了关键性影响,中共培养与团结的文学与文艺人物也成为人物史研究的重点。杨伟、段晓霞以周扬主持的"文科统编教材"为中心,讨论了为何要实行"文科统编教材"? 周扬在其中发挥了怎样的作用? 这一举措的实施过程与结果怎么样? 他们认为,时任中宣部副部长的周扬,作为意识形态领域政策的制定和实施者,同时他又是一位学者与文学理论家,其主持的"文科教材统编"虽然现在来看有些"观点"已经陈旧或过于教条,但是可以说已经达到了当时条件下的较好水平,也有

---

① 　张越:《侯外庐马克思主义史学研究论析》,《历史研究》2023 年第 6 期。

② 　张连勇:《改革开放后胡乔木对中国党史书写的理论思考》,《史学理论研究》2023 年第 6 期。

助于文科各个分支学科的建立。周扬在"文科统编教材"中也批评以政治代艺术的片面性,强调重视艺术规律本身。如他指出不要把文学概论写成对党的文艺政策的解释;强调历史观点,对历史上不同时期和不同阶级斗争发展的具体状况作分析等等。①

身兼文学家和政治家的茅盾,在既往的研究多是以上述两个面相出现的,本年梅琳呈现了茅盾在战时的青年思想导师身份。梅琳发现,面对抗日战争和解放战争时期中国意识形态领域的纷繁复杂局面,茅盾要给青年一个思想的榜样,同时也要给社会培养青年思想的范本,他分别选择了鲁迅和苏联。茅盾将希望都托付于青年,他用文论的形式激励、帮助和劝诫青年。茅盾以报刊为媒介搭建起了与青年之间的桥梁,亦经常参与青年活动,积极保护青年,从行动上主动走近青年。刊物、纪念活动和保护青年都是茅盾介入和体察青年思想的方式,这些行为在战时状态下更为深入人心和直接有效,是中国共产党领导青年群体的重要经验之一。文章认为,引领战时的青年思想既是党给茅盾的任务,也是茅盾给自己的责任,茅盾圆满完成了任务。②

在中国现代文学史上,老舍具有独特的地位,不仅因其庚子国难烈士之子的身份,更是由于他的抗战书写贯通了现代文学史。在既往的研究中,老舍的幽默风格和语言贡献得到了充分的肯定,论及抗战书写,则多以为其精神可嘉而成绩不大。张中良的研究发现,"庚子事变"的国仇家恨在老舍心中播下了爱国的种子,其早年创作即表现出爱国情怀,堪称现代爱国文学的先驱者。"济南惨案""九一八事

---

① 杨伟、段晓霞:《周扬主持"文科统编教材"史事述略》,《新文学史料》2023年第 4 期。

② 梅琳:《思想导师:茅盾对战时青年的引领》,《广东社会科学》2023 年第 4 期。

变""一·二八事变"的发生更加激起他的爱国热情,这一时段老舍的创作虽然时用曲笔、语调幽默,但锋芒都指向侵略者及投降派。"卢沟桥事变"后,老舍全身心投入抗战:一是由远离政治走向时代大潮;二是由单枪匹马及同仁抱团走向"大兵团作战";三是由纯文学走向雅俗交织的多重空间。作为满族作家,老舍由衷认同国家与民族的"多元一体",其苍凉悲壮的抗战书写表现出强烈的国家至上色彩:以国家意识唤起民众觉醒,强调中华民族团结抗战,表现正面战场将士的爱国精神,描绘延安、敌后战场与"万里江山图"。《四世同堂》反映出沦陷区人民的屈辱、苦难与反抗,既呈现出黎民百姓强烈真挚的家国情怀,也折射出老舍的宏大视野与人道情怀。①

　　于伟同样考察了老舍的抗战文学书写。于文认为,抗战促成了中华全国文艺界抗敌协会的成立。协会以"文章下乡、文章入伍、文章出国"为天职,主张作家到军民中去宣传抗战、鼓舞士气,到国外反法西斯同盟中去介绍中国抗战、赢得世界同情。老舍作为文协的常务理事和总务处主任,自然责无旁贷。他号召艺术家走出"象牙塔","文章下乡,文章入伍",将精神的食粮普遍地送到"战壕内与乡村中"去点燃民众心中救亡图存的圣火;号召"文章出国",将中国的抗战传播到世界上去,以唤起各国的同情与援助。他带头创作抗战文艺,撰写通俗文艺讨论文章;带头编校《抗战文艺》、进行战地慰问;带头关心分会设置、会员生活,他克服敌机轰炸、物资短缺、经费匮乏、贫病交加等各种困难,终于将文协带出了艰难困境,迎来抗战的胜利。②

　　于敏、赵学勇分析了 20 世纪五六十年代的时代巨变中,沈从文

---

① 张中良:《老舍的抗战书写:国家至上》,《山东社会科学》2023 年第 8 期。
② 于伟:《"以救国的工作产生救国的文章"——老舍的抗战文学书写》,《军事文化研究》2023 年第 2 期。

经历的精神阵痛过程。他们指出,沈从文对文学的"告别"是异常艰难的。为适应新的社会环境,他由衷地改造自身,却无法在精神深处抛却自由主义的文学立场;他专注"有情"的文学,却因生命理念的差异与底层生活的距离难以书写"静与动"兼容的时代图景。同时,沈从文又表达了自己长期以来被压抑的精神心绪及其难以割舍的对于文学的生命体验和悟思,以"抽象的抒情"文字释放出郁积多年又难以付诸创作实践的对于文学本质的沉思,传递出作家创作生命的枯竭和对于文学的恋恋不舍。他们认为,是时代的浪潮将信奉自由主义的浪漫抒情作家推向了难以适应的新的文化环境之中,沈从文执拗地追求创作自由以及远离政治的个性气质,也使其在痛苦挣扎中不得不放弃文学创作。①

丁玲作为左翼文学的主将,曾因发表《梦珂》《莎菲女士的日记》等作品震动文坛。早期的丁玲被视为书写五四个性主义、倡扬女性解放的先锋。学界既往对丁玲思想转变的研究,多是在共产主义革命的视野之下展开的,主要针对其政治意识、阶级立场等或作肯定论证,或展开反思批判,对丁玲的家事、家史、士绅阶层的出身背景如何影响其文学创作较少讨论。本年研究中,熊权以丁玲的家事、家史及相关自述为中心,剖析了其思想中地主/士绅、阶级/家族等两种话语体系的错综互动。在熊文看来,丁玲的创作既受马克思主义影响,又融入"绅士阶级逆子贰臣"的身世之感,力图建构起独特的主体性。丁玲自认已经脱胎换骨、"跳出一个时代的悲剧",殊不知潜藏的血脉和情感斩而不断,时时上演魂兮归来。② 王冬梅通过丁玲的《三日杂

① 于敏、赵学勇:《"有情"的守望与"抽象的抒情"——20 世纪五六十年代沈从文的精神历程与创作》,《中国现代文学研究丛刊》2023 年第 9 期。

② 熊权:《士绅与革命:关于丁玲家事、家史的释读》,《现代中文学刊》2023 年第 3 期。

记《太阳照在桑干河上》等作品，考察了《在延安文艺座谈会上的讲话》与丁玲 20 世纪 40 年代的情感改造。王文认为，丁玲在接受《讲话》时，有着自己独特的理解方式和创作进路。正是以《讲话》所要求的知识分子改造为基点，丁玲在有意识的下乡实践中，不断调整自己的情感机制，力求将个人的感觉结构内嵌到时代的精神结构之中，在不断地深入乡土社会的过程中，丁玲重建了自己与乡村世界的联结方式，并尝试着以自身的感知为中心，重塑自己的情感结构，最终完成了知识分子的主体转化。①

蒋光慈是中国现代文学史上独具特色的作家，在短暂的一生中翻译了数量可观的苏俄诗歌、小说和文论作品，不过学界的既往研究很少关注到他的翻译成就。熊辉通过梳理其翻译的苏俄文学及政治经济学相关论文，认为蒋氏翻译在选材方面比较符合自身的文学创作理想和广大民众的文学审美需要，客观上传播了新思想，对他的文学创作产生了直接而深刻的影响，促进了他本人乃至现代文学叙事方式的创新和创作方向的转变。熊文认为，对蒋光慈翻译作品的评价既要参考鲁迅等老一辈学者的意见，也应从文化批评的角度去发现其社会价值和现实意义，尤其需要关注到那些先于创作而传入中国的革命文学译作，不仅率先发出了中国革命的呼声，还对中国革命文学的发生和发展提供了思想和艺术资源。②

恩格斯的《社会主义从空想到科学的发展》阐释了科学社会主义的理论，使马克思主义成为一个内在联系的统一整体。该著作既是马克思主义整体性的著作，也是马克思主义大众化的著作。"衡石"

① 王冬梅：《〈在延安文艺座谈会上的讲话〉与丁玲 20 世纪 40 年代的情感改造——基于对〈三日杂记〉〈太阳照在桑干河上〉的考察》，《社会科学研究》2023 年第 3 期。

② 熊辉：《革命文学的先声：论蒋光慈的文学翻译》，《广东社会科学》2023 年第 2 期。

是首次以忠于原著的形式翻译传播该著作的知识分子，学界对其贡献则鲜有研究。马建强、贾秀羿考察了"衡石"的真实身份。他们认为"衡石"就是吴江人李衡石，其在《觉悟》发表的系列译作传播了民主主义、社会主义思想。译作《科学的社会主义》系统地向国人传播了从唯物史观视角分析资本主义社会深刻矛盾，无产阶级以阶级斗争的方式取代资产阶级掌握政权的科学社会主义思想。衡石对马克思主义的传播既是上海先进思想传播群体和传播场域中思想激荡的产物，又是五四时期各种"主义"交锋的缩影。"衡石"在平民教育的发展、外交主权的伸张以及先进思想的传播等方面作出了贡献，是中国近代先进知识分子群体的一个代表。[①]

陈航英考察了陈翰笙的农政问题研究。陈文指出，陈翰笙的研究是以生产关系为中心，以对农民分化的关注、对土地分配状况与农业生产格局、对阶级关系、商品化及农政变迁等为进路。陈翰笙发现，尽管当时中国农村土地高度集中，农业资本主义有所发展，但占主导地位的仍是小农经营，其主要原因是外国殖民资本和本土封建势力的联合支配阻碍了中国的农政变迁，并最终导致中国农村陷入总体性危机。基于此，他提出应该在土地改革和生产合作的基础上，探索一条适合中国国情的农政变迁道路。陈翰笙对中国农政问题的思考和将马克思主义农政思想"中国化"的努力，值得当代中国农政研究者挖掘和借鉴。[②]

抗战后期的闻一多从一个学者转变成为民主斗士，开始了对以儒家为代表的中国传统文化的犀利批判、对国民党统治的猛烈抨击。

---

① 马建强、贾秀羿：《马克思主义早期传播人物衡石及其历史贡献》，《党史研究与教学》2023 年第 3 期。

② 陈航英：《早期中国农政研究探析——以陈翰笙为中心》，《开放时代》2023 年第 4 期。

这一转变，人们迄今相当一致地认定他是受到了共产党人的思想影响，却忽略了闻一多的思想变化是以五四新文化的合乎历史逻辑的发展为基础和前提的。陈国恩认为，闻一多从"五四"的镜子里看出了历史的法则，因而他一改早年推崇传统文化的态度，举起了"科学"与"民主"的旗帜，向封建主义和国民党的统治发起勇猛冲击。这在他，既是回到"五四"，又是踏上时代的潮头。闻一多通过"五四"的精神之桥，走向了"人民的世纪"。他的思想面貌焕然一新，认同了中国共产党的新民主主义方向，成为共产党人可以信赖的朋友。①

对民主人士黄炎培在新中国成立前后的思想转变，学界已有一些研究，但尚有深入的空间，尤其是 1948 年下半年至 1949 年上半年的关键时期。张皓的研究发现，黄炎培虽然主张蒋介石下野以进行国共和谈，但却拒绝了李宗仁请其充当和谈协调人的请求。中共七届二中全会召开前后，黄炎培开始考虑北上参加新政协。他表明为人民大众服务和反对帝国主义的立场。北上后，他支持在八项原则的基础上进行和平谈判，争取国民党政府和谈代表签署和平协定，完成中国的统一。接着，他为上海的解放和接管作出贡献。随后，他参加新政协和中央人民政府的组成工作。张文认为，这些实际工作加速了黄的思想变化，使他从主张国共和谈到支持将革命进行到底，从主张民主主义到接受新民主主义，从主张在美苏之间持中立态度到接受"一边倒"。经此转变，黄炎培也完成了从民主主义者到新民主主义者的转变。②

---

①　陈国恩：《五四精神与闻一多抗战后期思想变化》，《贵州社会科学》2023 年第 1 期。

②　张皓：《1948—1949 年黄炎培的思想变化及北上》，《江西社会科学》2023 年第 8 期。

　　黄道炫选取了 1949 年政权鼎革之际北京大学文科研究所的青年助理喻世长作为研究对象。黄文从生活史的角度考察了喻世长经历恶性通货膨胀，靠着倒买倒卖维持生存，进而努力跟上时代的步伐，和青年教师一起争取权益，力图打破大学既有格局的努力。他积极参加各种政治活动，希望进入组织体系，获得更多进步的机会。因为偶然的机缘，喻世长被选中充当特殊系统的信息员，成为大学里特殊的一员。喻世长的经历映照了一代知识分子在那个大变动下的生活浮沉，尽管每个个体由于机缘巧合的具体路径会有差异，但其中的希冀、努力、困惑乃至苦恼，还是属于那个时代的脉动。①

　　1949 年新中国成立后，对"新社会的旧文人"如何进行思想改造，使他们由"身归"到"心归"的历史以及改造对象的诸般应对，学界已多有研究。历经前清民国，主张变法图强、教育救国，并通过主持商务印书馆"昌明教育""开发民智"的张元济就是这类人物中的代表。既往学界关于张的研究主要呈现出两种不同的模式：一是着重于政权更迭之际的新旧差别，从信服、合作、感恩角度出发，强调知识分子在新环境下的成长；二是将知识分子在此过程中的种种不适、彷徨、痛苦乃至于撕裂的一面放大，凸显悔罪受难的叙事角度。宫陈认为不管是强调知识分子的涅槃重塑或是徘徊挣扎，都不免重一隅有失丰富性。有鉴于此，宫文主要从三个方面研究了张元济的思想与经历。首先是张元济受政府邀请北上参加新政协会议的辞受往返过程；其次是他与刘承干等人的交往以及对于家乡江南地区的征粮与土改政策的态度；再次是其既有与官方积极互动的一面，也对中共过分强调阶级斗争的治理模式多有不满，尤其是在"三反""五反"运动

---

　　① 黄道炫：《鼎革：喻世长的生活史》，《福建师范大学学报（哲学社会科学版）》2023 年第 6 期。

中的思考觉悟，以及随后在辞受上海文史馆馆长中与官方的交流互动；最后将张氏与同时代的其他人物作比较，以此展现深受传统思想影响的"文化老人"在新的国家治理体系建立过程中的因应调。宫文认为，张氏的考量更能体现出其深谋远虑。从现实实际角度而言，顺应新政权、适应新环境是帮助商务印书馆重振的基础；更进一步来看，选择的背后是其个人际遇同家国大势的结合。在此过程中，他虽时有不满或不解的情绪流露，但这种私下场合与公开行事之间稍不同调的"尴尬"，并未影响到其最终的"认同"选择。体察暮年张元济在处世应变时的进退依违之道，不唯有助于补充其了解，超越以往的刻板印象；抑有进者，对于不同群体在历史的激荡浮沉之间的多元样态，当有更为深入的认知。①

与张元济同时代且私谊甚笃的蒋维乔，同样矢志于教育救国，并先后在商务印书馆编辑所编辑小学教科书，主持该馆开办的师范讲习所、商业补习学校等。林盼以蒋维乔为实证样本，分析了中共对旧知识精英的政治吸纳问题。他在梳理蒋维乔思想发展的轨迹及其家庭友人遭遇的政治冲击和变故指出，新政权在建立之初，中共即形成了一整套成熟的措施，借助人大、政协吸纳（行政吸纳）、社会组织吸纳（社团吸纳）等多种途径，有效地将旧知识精英纳入管理体系之中。即使长期远离政治的边缘文化人，也能被吸纳并有序参与各项社会事务活动；通过思想教育和理论学习，逐渐建立起对新政权的了解和信任；且在政府的支持下，能够继续发挥专长，获得相应的政治待遇。上述因素的共同作用，使得旧知识精英逐步形成对新政权的认同，进而产生情感意识上的归属意识。总而言之，执政者通过政治吸纳，将原先未有参与体制内权力与利益分配的社会成员吸纳到体制之中，

---

① 宫陈：《依违之间——晚年张元济的认同与尴尬》，《二十一世纪》2023 年第 10 月号总第 199 期。

换成扶持和合作的伙伴,扩大执政基础。从而有效避免精英与国家政权之间出现裂痕,对于保障政治稳定、创造政治认同、促进有序的政治参与至关重要。①

---

① 林盼:《新中国对旧知识精英的吸纳——以蒋维乔为例》,《二十一世纪》2023 年第 10 月号总第 199 期。

2023 年度中共党史（新中国史）研究的理论与方法报告

韩　栋

　　史学理论的研究与方法是历史学针对本身探究的重要面向，亦是历史研究自我完善与推进的必要因素。中共党史与中华人民共和国史作为历史研究的组成部分，很多从事这两个方向研究的学者亦在 2023 年将研究重心对准了理论与方法的探究。本文从 2023 年发表的 180 余篇刊物文章中，选取 40 余篇有代表性的文章，对该年度国内党史国史研究中理论与方法上的推进，从研究范式与方法、学科建设和议题三个方面作一述评。

一、中共党史（新中国史）研究的范式与方法

　　2023 年国内学者除从党史和国史整体性的研究上进行宏观探究外，亦有针对国史党史中具体分类进行创新性归纳总结的。

整体性的研究范式与方法探究主要以笔谈文章为主。有学者关注中共党史研究中的现代化叙事问题,认为 20 世纪 80 年代兴起的现代化叙事是传统革命史叙事在"历史发展"中"连续性与阶段性的统一",其出现有历史的必然性和价值。首先"现代化叙事加速了党史研究内部的省思";其次,"现代化叙事为党史研究注入了新的活力",可以使"中共党史与中国近代史的研究路向进一步靠近,推动党史研究在新阶段跳出政治宣教的口号与藩篱,走向学理性和历史性,党史研究中'史'的一面得以彰显,学科面貌焕然一新"。然而,既有的现代化叙事在回应"党在新时代遇到的现代化难题"上却遇到了瓶颈,突出表现为"研究方法上""逐步从宏大叙事转向探微知著"的微观议题,在研究议题上偏向参照西方学者的研究议题,不仅很难厘清"中国从'取经''效仿'到自觉的现代化理路,党史学科亦很难体现'资政育人'的学科属性"。因此,在党史研究中需要对革命史叙事与现代化叙事进行新融合,建构新的党史研究现代化叙事。具体来说既要"进一步增强历史性的厚度,即在唯物史观的指引下,贯通地理解党的中心工作",又要"进一步提振政治行的锐度,即在'中国式现代化'的进程中,以'历史'来'参鉴'党的实践创新"。①

有学者关注党史研究的方法论,在如何谋篇布局和论述规范上进行探讨。如周良书,提出在注重党史研究价值取向,做到"鉴空衡平,微言大义"的同时,还要在书写方式上注重"谋篇布局,使其富于起伏变化"。这要求学者在写作中要做到书法不隐、虚实结合、有文有质。具体来说,在书法不隐中要做到秉笔直书,即做到不溢美、不苛求、不偏私;要注重不隐真相、婉而成章、曲从义训;同时要注意忌用影射,不可"穿凿附会""望风捕影""发泄私愤""抽样作证""过度引

---

① 李蕉:《中共党史研究中的现代化叙事》,《中共党史研究》2023 年第 1 期。

申"，不做"政治注脚"，"将'古为今用'片面化"，"将'阶级观点'绝对化"，"将'以论代史'极端化"。"虚实结合"要做到以下三个方面：分清主次、巧用特写、学会避难。其中分清主次要搞清楚主要角色、次要角色，注重背景分析。巧用特写则要注意人物特写、事件特写和个案研究，尤其是事件特写要把握好问题意识、历史资料和叙事结构。学会避难则是用"一击两鸣、化实为虚、背景烘托的具体方法"，将"党史研究中遇到的大事项或大情节"等不好从正面下笔的内容，以避其难。有文有质则要求在党史研究中讲求事实，讲求可读、予人启迪，以在党史研究中实现毛泽东指出的"文章和文件都应当具有三种性质：准确性、鲜明性、生动性"。①

栗荣以学术史追寻与反思的方式，归纳总结百年来党史研究的方式，尤其是研究范式的学术转向，以为"中共党史学术体系"的构筑与完善寻找路径。文章总结百年以来中共党史研究方式经历了"从革命史研究方式为主导，到改革开放之后出现的现代化研究方式、新革命史研究方式、概念史研究方式等多种研究方式交替变迁的局面"。在此基础上，作者认为党史研究方式应互为融通，并需要遵循"必须坚持以马克思主义理论为指导"，"把握中共百年历史发展的主题和主线、主流和本质"，"借鉴其他学科的优势，构建开放的学术研究体系"的原则。②

在中华人民共和国史研究方法、范式上，本年也有学者勠力于此，进行探究和推进。宋月红认为新中国史研究从"新中国创立以来就已经开始"，"改革开放以来逐步发展成为一门相对独立的学科"，

---

①　周良书：《中共党史研究中的"书法"问题》，《党史研究与教学》2023 年第4 期。

②　栗荣：《学术史寻踪：百年来党史研究方式的几种转向》，《福建论坛（人文社会科学版）》2023 年第 8 期。

新中国史研究"既要以新中国成立以来的历史发展为主,又要结合党成立以来新中国的创建史,同时把新中国的建设和发展融入世界社会主义发展史和人类社会发展史,从中反映和揭示共产党执政规律、社会主义建设规律和人类社会发展规律"。该文尤其关注新中国史研究的史料问题,提出在研究需要探索和回答如下基本问题:"1. 关于什么是新中国史史料,这种史料的性质与特点、意义与价值,以及与'历史中国'史料的区别与联系;2. 关于新中国史史料的产生与沿革,从史源意义上讲,这种史料是如何生成的,分布于怎样的史实之中,其沿革的线索与脉络如何;3. 关于新中国史史料的形态与类型,反映和展现这种史料的整体面貌和分支状况,从内部结构与机理上阐明各类史料的地位、作用及其相互关系;4. 关于新中国史的编纂,要以史实为主题,运用一定的体裁体例,将史料贯通和联系起来,形成研究某一历史问题的系统化、体系化的史料基础;5. 关于新中国史史料学的理论与方法,要根据新中国史和当代中国经济社会发展实际,既要总结已有史料的研究方式、方法和手段,也要创造性转化、创新性发展中华优秀传统文化特别是史学关于史料的研究成果,同时借鉴目录学、考据学、文献学、档案学、编纂学等多学科的理论与方法,还要随着社会生活方式的变化,丰富和发展具有学理基础和时代意义的史料的研究方式、方法和手段,以适应新中国史研究的需要;6. 厘清新中国史史料学与新中国史研究,以及与其他学科之间的关系"。① 王爱云关注了中华人民共和国史的知识创新和知识体系建设,认为应当"站在新的历史方位对国史进行再认识"的同时,"运用新的理论对国史进行新认识"以"努力推进国史知识创新"以"担负起时代赋予的光荣使命","使国史知识体系真正成为人们坚定历史自

---

① 宋月红:《新中国史研究的基础、前沿与"三大体系"建设》,《中国高校社会科学》2023 年第 5 期。

信的基础"。① 左玉河认为应该从"问题、史料和范式"三个方面来推动国史自主知识体系建设,以解决现有国史自主知识体系建构中"原创性、原创能力、问题意识有待进一步加强"的短板。②

对于中共党史、国史具象化专题的研究范式和方法,学界在 2023 年度亦有推进。其中比较有代表性的是关于中共思想史、中共执政史等方向方法和范式的探讨。吴起民从中共思想史的"本相、镜像与研究规范"三个维度出发,认为中共思想史研究应该通过"掌握历史认识各个环节的研究方法和规范","形成思辨结晶","摆脱'一概而论'的认知方式","把握中共与外部社会环境的互动状况","理解人物、组织、文件、意识形态等要素的参照物","谨慎地对待过去与现在之间的关系"基础上,破除现有的"忽略历史研究规范","历史思辨、宏观解析和理论建构" 能力不足和"忽略史料批判、虚造史实场景、照搬文件语言、缺乏研究时间规范"的问题。③

于明静和瞿骏认为把握中共早期思想研究,必须注重智识与情感的脉络。他们认为,"1895 年后,中国近代思想的发展大致有两个基本特点",即"相交于社会基础的超前性"和"思想本身的杂糅性",这在中共早期思想变迁不局限于士人思想的变化,还具有"平民质变"的历史过程。中共通过"在大众之中创造出革命的大众文艺出来,同着大众去提高文艺的程度,一直到消灭大众文艺和非大众文艺之间的区别",这一方式实现了在平民中传播中共思想。要探究士人之变和平民之变这两种中共早期思想的变化,该文认为应抓住智识

① 王爱云:《新时代中华人民共和国史知识创新刍议》,《当代中国史研究》2023 年第 5 期。

② 左玉河:《问题、史料与范式:建构国史自主知识体系的关键环节》,《当代中国史研究》2023 年第 5 期。

③ 吴起民:《中共思想史的本相、镜像与实证研究规范》,《中共党史研究》2023 年第 1 期。

和情感史两条重要的线索和途径。智识是中国读书人"急切寻找救国、救民乃至旧世界的方案和道路"的探究,这也是更多为学界已经运用的方法,而情感是智识真正灌注向平民普及的方式,是未来中共早期思想史不能忽视的部分。两位学者还特别提醒未来对中共早期思想史的研究应当注重情感的有形载体,如各类广告、中共人物的谈话记录、书信和日记、诗词等,以实现智识和情感两条路径的统一,以实现中共早期思想史研究的突破。①

刘亚娟认为应该"从向下到向内"的角度,发现中共思想史的社会史结构,也即除了"聚焦于精英、智识阶层、经典文本"外,也要关注"一般知识、思想与信仰的世界",和"草根、无声群体"的思想。除此之外,刘亚娟副教授还认为中共思想史研究还应该"赋予漫长的中共革命意义深刻的思想性",不能将"研究对象局限在特定时期,然后画地为牢","应当从结构上"将社会史和思想史关联并发,以"进一步发现适应中共思想史特点的选题和方向,实现既'破'又'立'的目标"。②

对于中国革命史和中共执政史研究,萧冬连认为"中国革命传统和制度在中共执政时期的延续和适应性转化问题",尤其要"关注两个时间节点——1949 年和 1978 年","前者是从革命到执政的转轨,后者是从'继续革命'到改革开放的转轨"。对于如何从中共本身研究出发,从史学研究课题上深入,萧先生还提供了两个很好的切入口:中共与苏共的比较、共产党与国民党的比较。对于中国革命传统的延续和演化,萧冬连认为可以"从正式制度和非正式制度两个方面来考

---

① 于明静、瞿骏:《智识与情感——中共早起思想研究的一条脉络》,《中共党史研究》2023 年第 4 期。

② 刘亚娟:《从乡下到向内:发现中共思想史的社会史结构》,《中共党史研究》2023 年第 2 期。

察",在认清当代中国的从革命年代奠定和延续下来的"党政双轨制"的基础上,重视"革命传统对于中共执政"广泛且持久的影响。①

在具体研究方法上,本年度学界也在多学科交叉、记忆史、亲历者思想以及口述史等方面对中共党史和共和国史研究进行探索。董国强认为虽然"社会科学的理论方法对当代史研究"非常重要,但也应该"在学术实践中广泛借鉴不同学科的理论与方法",带来"研究视角、研究题材、研究方法和著述风格的显著变化",在研究和著述中;"一方面注意借鉴吸纳社会科学研究中的一些理论概念和结构分析框架,注重历史发展进程中不同阶层和群体之间的多方互动;另一方面也应注意充分发挥史学研究著述的长处,把握历史性的发展线索和一些重要人物的活动轨迹,尽可能保持历史叙事的完整性和戏剧性"。②

姜成洋关注了历史书写中当事人的记忆史研究,认为通过书写人的回忆来给予历史书写以体验感。③ 郭若平也关注到"亲历者"的史料在中国革命思想史研究中的作用,认为:"以文本史料为佐证,'亲历'文献遗存的历史语境,对于研究中国革命的思想起源大有裨益。"郭若平尤其关注田子渝、徐方平主编的《马克思主义在中国早期传播著作丛编(一九二〇——一九二七)》,认为其"收录了大量研究中国革命思想起源与变迁不可或缺的文本史料,为学界提供了广阔的探索空间和崭新的研究思路"。④

---

① 萧冬连:《传统、制度及其适应性转变——关于贯通中国革命史与中共执政史研究的思考》,《中共党史研究》2023 年第 2 期。

② 董国强:《谈谈当代中国式研究中的多学科交叉问题》,《中共党史研究》2023 年第 1 期。

③ 姜成洋:《论历史书写中的记忆与时间》,《云南社会科学》2023 年第 5 期。

④ 郭若平:《"亲历"思想:在文本史料中研究中国革命思想的起源》,《湖北大学学报(哲学社会科学版)》2023 年 11 月第 6 期。

金大陆关注了新中国史研究中口述的作用,他认为:"新中国史口述研究与人口统计的代际年岁相关,其所面对的史实、人物和事理均处于'宜采集'和'需抢救'状态,并具有鲜明的'共同经历型'特征。"由于在口述中,社会学注重探求口述与"集体记忆—社会认同"的关联,强调情感倾向和价值判断,并通过"社会建构"的话语分析诠释历史,因此金大陆先生将这一取向的口述史研究称为"口述记忆研究"。较之于历史学习惯将口述定义为"史料",作为"以档案为主干的'合围型'史料群"的对比与订正。"二者在旨趣、要诀、范式、目标上是不同的,应在既双向平行又相互映照的轨道上前行。"针对社会学和历史学在口述记忆研究上的区别,金大陆除从社会学口述角度提出"如何对大量呈现'口述史料'的作品做出评价? 如何促使'口述史料'作品向'口述历史著述'迈进? 唐德刚的作品是否可以算作范本? 今日是否有成熟的样本来展示口述史的样态? 如何从理论上对口述史与秉笔直书关系做出深入说明? 关于访谈者的'介入',如何进行理论上的探索? 历史学口述史研究如何吸取社会学口述记忆研究专长?"等问题,供口述史学界进行思考与解答外,还从历史口述角度提出"为什么'圈外人'会有一种社会学口述记忆研究的结果仅是'常识'感觉? 这是个别的或偶然的情况吗? 弱势集体记忆印证了当年舆论宣传和新闻报道的内容,这种印证是一种成功吗? 社会学口述记忆研究的成果指示口述采访的合成,与历史学的'口述史料'做派有何差别? 社会学口述记忆研究'记忆—建构'的要旨和功能如何呈现? 成熟而完整的'记忆—建构'做派是怎样的样态和构架? '记忆—建构'理论如何创建性地阐明处理事实与叙述、个体与集体、主观情感与客观立场复杂关系的诀窍? 社会学口述记忆研究如何处理采访中的价值判断分歧? 背离档案是社会学口述记忆研究的客观定位还是主观选择? 是否有可能接近档案?"等问题供社会学口述记忆研究者进行思考和推进。①

二、中共党史党建学的
学科建设研究

2021 年 12 月 10 日,国务院学位委员会办公室发布的《博士、硕士学位授予和人才培养学科专业目录(征求意见稿)》中,法学门类中增设"中共党史党建"一级学科。2022 年 9 月 13 日,教育部公布的《研究生教育学科专业目录(2022)》和《研究生教育学科专业目录管理办法》中,正式将中共党史党建学(学科代码 0307)与政治学(学科代码 0302)、马克思主义理论(学科代码 0305)等并列为法学一类学科。

新学科目录发布后,学界对中共党史党建学科的定位和建设进行了一系列讨论。2023 年《中共党史研究》杂志邀请相关专家,以笔谈的形式,专门对中共党史党建学科的发展,在调研的基础上进行了卓有意义的讨论。该讨论不仅对推动中共党史学科建设极有建树,亦是对中共党史研究范式和方法的推进。

对于中共党史学科如何定位,李里峰认为其有多重属性。从历史学属性来说,"中共党史便和其他史学分支领域一样,必须恪守史学研究的基本规范,以探寻历史真相为己任"。而且"作为历史学的中共党史,需要处理好与中国史一级学科、中国近现代史二级学科的关系","不能只探讨其字面含义所示的中国共产党自身的历史,而应该在时间上纵向延伸,探讨建党之前的历史;在范围上横向拓展,探讨中共之外的历史"。除此之外,李里峰认为中共党史还具有政治学

---

① 金大陆:《"口述史"与"口述记忆"——新中国史口述研究的历史学和社会学取向》,《中共党史研究》2023 年第 3 期。

属性，这是"由中国共产党的独特历史地位决定的"。将中共党史视为政治学的分支，意味着"党史研究不能仅仅满足于历史学的基本规范和研究方法，还需要引进政治学的概念体系、理论框架和比较视野，这样才能够产生'既符合中共党史学科发展要求又能满足社会变革和发展需要的政治性、理论性和现实性很强的研究成果'"。李里峰还认为"如果中共党史作为历史学的分支学科须以'求真'即探寻历史真实为目标的话，那么它作为政治学的分支学科则应该以'求解'为旨趣，即通过对政治学基础理论和一般规律的深入探讨，通过对中国共产党和其他政党、中国政治与各国政治的系统比较，深刻理解中国道路的独特性和合理性"，找出"解答当代中国从哪里来、向哪里去的'钥匙'"。基于此，李里峰建议党史学者应该注重"政治学理论""中国政治，即对当代中国政治结构、政治关系、政治制度、政治过程、政治团体、政治发展的经验研究和理论透视""比较政治，即对不同国家和不同政治体系的政治发展、政治制度、政治文化、政治过程、政治参与等现象进行比较分析""国际政治，即对国际社会演变和发展规律尤其是当代全球化背景下国际秩序、国际体系、国际组织、国际安全、国际政治和经济关系等问题的理论探讨和实证研究"等政治资源的引入。马克思主义属性也是李里峰认为中共党史的基本属性，其属性是由"马克思主义是中国共产党的指导思想这一点决定的"。中共党史的马克思主义属性除了"党的建设"是"构建中国化的马克思主义党的建设理论体系"的重要内容外，还体现在它与"科学社会主义与国际共产主义运动的密切关系之中"。对作为一级学科的中共党史在新时期如何发展，李里峰认为"党史工作者更应有意识地整合历史学、政治学、马克思主义理论等不同学科属性，努力追求贯通"，做到"前后贯通""内外贯通""学理贯通"以"打破历史学、政治学、马克思主义理论之间的学科壁垒，打通过去、现在和未来的时间维度，实现求真、求解和求通的有机融合"。①

王炳林关注中共党史党建学作为一级学科的核心议题和目标任务，认为学科研究方向要综合考量多种因素，"遵循学科内在发展规律，研究对象和研究内容的不可替代性"，关注"国家战略和社会需要"，保障"学位点的研究基础和研究条件"。王炳林总结了中共党史党建学的几个主要研究方向，包括"马克思主义政党理论研究""中国共产党历史研究""中国共产党建设研究""中国共产党领导研究"。王先生还认为虽然党史研究核心议题会随着时代发展和研究深化而扩展变换，但其主导方向"是一以贯之的，就是要围绕中国共产党历史的主题主线、主流本质和'中国共产党是什么、要干什么'这个根本问题展开"。对于中共党史党建学科发展的目标任务，王炳林教授认为是"出成果、出人才"，具体来说就是要"推出高质量成果，在深化理论研究、资料建设、面向社会实践上下功夫"，"学科建设的重要任务是培养人才"，"形成本、硕、博一体化的培养体系"。②

对于如何进行中共党史党建学一级学科建设，中央党史和文献研究院科研规划部调研组于 2023 年五六月份，在 40 多所相关高校、党校范围里组织了 5 次调研座谈和 2 次走访调研，共计有 113 位专家学者和学生代表发言或者提供了参考资料，最终形成了《关于中共党史党建学一级学科建设的调研报告》。该报告发表于《中共党史研究》2023 年第 3 期。报告肯定了中共党史党建学科的重大意义，认为其"深刻反映了习近平同志为核心的党中央对党史党建工作特别是党史党建学科建设的高度重视，回应了学术界多年的呼吁和期盼，意

---

① 李里峰：《中共党史学科的多重属性与内在逻辑》，《中共党史研究》2023 年第 3 期。

② 王炳林：《中共党史党建学的核心议题和目标任务》，《中共党史研究》2023 年第 3 期。

义十分重大,与我们党作为百年大党、世界最大马克思主义执政党的重要地位相匹配,既是更好地服务我们党治国理政事业的战略需要,也是加快构建中国特色哲学社会科学的学科体系、学术体系、话语体系的现实需要"。调研关注各界学者反映的在党史党建学科建设过程中遇到的困难,包括:"第一,中共党史党建学一级学科建设尚缺乏宏观政策指导和顶层设计,特别是学术评估的'指挥棒'在很大程度上影响学科建设的积极性,导致学科建设的内生动力不足;第二,中共党史党建学以及学科的学科定位尚存争议,各高校普遍担心对现在的马克思主义理论一级学科造成一定影响;第三,中共党史党建学一级学科内部的党史、党建两个基本学科之间能否实现'融合发展',学界存在不同的思想认识;第四,现有党史党建人才短缺和师资匮乏的短板突出,重新整合面临一些实际困难;第五,在是否建立独立的、实体的中共党史党建教学科研机构方面存在不同看法;第六,中共党史专业各个层次的人才培养数量长期低迷,学科点下降明显,人才供给严重不足;第七,中共党史的公共思政课程地位尚未得到恢复,影响中共党史的宣传和教育;第八,中共党史党建学科的本硕博课程不成体系,缺乏合适的统编教材;第九,二级学科的设置依据和方案等存在较多意见分歧,缺乏统一的指导性意见和设置标准"等。

针对以上问题和不足,参与调研的专家学者就如何做大做强中共党史党建学科给出了一系列对策和建议:"第一,将'三大体系'建设作为中共党史党建学一级学科建设的根本目标和方向,大力提升中共党建学科的学术层次;第二,在推动一级学科建设的思想认识方面要处理好'急不得'和'等不得'之间的张力性关系;第三,加强一级学科建设的顶层设计,明确一级学科建设的路线图,教育主管部门和高校应高度重视,积极提供政策支持;第四,优化学科评估方案,允许中共党史党建学与马克思主义理论两个一级学科共同参与学科评估,减少学科评估对学科建设的消极影响;第五,明确中共党史党建学一级学科建设要依托现有马克思主义学院体制,将中共党史党建学作为马克思主义理论的平行建设学科,两个学科、两支队伍不能强行分家;第六,进一步促进党史、党建两门基础学科的深度融合,将党史、党建的融合发展作为一级学科建设的主要方向;第七,重视中共党史党建学的综合学科属性问题,进一步厘清中共党史党建学的学科定位;第八,尽快启动中共党史党建学的二级学科目录编制工作,有所引导和规范,既明确必设学科,又允许自设一些具有地方特色和学术优势的研究方向;第九,旗帜鲜明地恢复中共党史的公共思政课程地位,明确中共党史党建学一级学科建设与公共思政课程教学之间的对应关系,尽快推动公共思政课程体系的改革;第十,科学论证出台一个分层次、分类别、立体化发展的课程体系,推动中共党史党建学科统编教材的编写工作;十一,加快整合、优化、壮大中共党史党建学科的专职师资队伍,吸引和凝聚各方面的党史党建人才;十二,打造本硕博一体化的人才培养体系,全力培育党史党建学科的科班专业人才;十三,推动和加强中共党史党建学科学术共同体的建设,促进研究力量和学术资源的进一步整合。"①

三、中共党史(新中国史)
研究议题的推进

在中共党史、新中国国史研究的具体议题方面,本年度学界亦在研究的理论与方法上有所推进。张智超、邓红从新文化史角度,在已

---

① 中央党史和文献研究院科研规划部调研组:《关于中共党史党建学一级学科建设的调研报告》,《中共党史研究》2023 年第 3 期。

有的研究成果基础上，从"革命的话语、概念、身体、心态、形象、阅读、日常生活、象征物、节日、历史记忆"十个方面，"爬梳新世纪以来新文化史视域下中共革命史研究的重要成果"。在此基础上，这两位学者还对"新文化史视域下中共革命史研究中存在的不足与有待提高之处"，从方法论角度，在"史料运用、理论方法、存在的问题等方面"对未来的研究提出总结和建议。①

党代会是中共重要的政治内容和中共党史发展的主干脉络。陈红娟从"概念和话语"的角度，对党代会研究进行了推进。该文认为应当从"多维度透析党代会文本概念的语义指涉"，通过概念厘定的方式阐释党代会思想与精神。作者还提醒党代会的历史研究者"党代会文本蕴含着中共的政治智谋和话语策略，文本概念的选取、界定、修辞、解释与使用经过层层打磨与锤炼，并被赋予指示性、竞争性意义"，因此有必要对其语意指涉与价值功能展开深层次学理分析。对于历次党代会文本中的同一话语，作者还提醒研究者要注意话语的衍化方向，因为"党代会中政治话语的革新与转换隐喻着思想的重生与再续"，"话语嬗变与更替意味着意义的扬弃与再构"。最后作者还提醒要注重"话语互动"，从整体上"审视党代会文本中话语链的耦合联动"。作者认为历次党代会的主题词，大致贯穿了三条话语链，即"革命话语、现代化话语、中华民族复兴话语"，这三条话语链之间"彼此渗透、相互缠绕与作用，存在着话语的共联、叠构与互塑"。这三条话语链之间的关系，反映了"中共怎样的实践诉求与行动指向，它们如何在互动中作用于中共实践、影响社会心理并凝聚思想共识等一些新问题"。②

---

① 张智超、邓红：《新文化史视域下中共革命史研究的十大议题》，《中共党史研究》2023 年第 4 期。
② 陈红娟：《概念与话语：深化中共党代会研究的新维度》，《中共党史研究》2023 年第 1 期。

党的二十大报告提出了"中国式现代化"的命题，探究中国式现代化与中国革命史、中共党史以及中华人民共和国史的关系，成为本年度学者的重要研究视角。瞿骏认为，中国式现代化与中国革命的关系，不是"二分关系，更不是对立关系，而是交融互汇的关系"。一方面，现代中国革命就是"中国式现代化"的一部分，它是"中国式现代化""各个关键进程启动、推进、转换的枢纽"；另一方面，"中国式现代化"塑造着现代中国革命的面貌与样态，本质是"一场持续百余年无所不包、遍及东西、普受其惠的'大革命'，其建设、创造、宏远的一面在中共历史终已充分表现出来"。①

许纪霖对现代化分析范式是否依然适合中国史学界作为分析方法，以及是否有需要深入反思之处为重点，从思想史研究角度作了讨论和探究。许纪霖认为"现代化分析范式发端于 20 世纪七八十年代的西方学术界，其将全球的近代历史理解为一个从传统到现代的演化过程"，传统的现代大抵是"以西方特别是美国的价值与制度作为典范的尺度，由此演化出一系列的发展经济学、发展政治学和发展社会学"，但是这一传统的模式却忽视了多元文明发展的区别。因此重新理解现代化模式，"首先要将全球普世文明与西方文明解绑"，"不同国家与民族"的现代性"理解和选择不同，而且同一个国家与民族在不同的历史阶段也会呈现出不同的思想主流，体现出不同的时代选择"。中国的现代化同样如此，有其自身的历史脉络。许纪霖教授认为，从思想史角度而言，近代中国的思想固然有受到西方思想刺激的因素，即"冲击—反应"论，但中国思想的现代化"有自身的逻辑，"而非简单视为"西方思想的挪用或者翻版"。同时，许纪霖教授还认为，现代化分析范式是"传统中有现代，并非非此即彼"。总结起来，

① 瞿骏：《立足"中国式现代化"理解中国革命》，《中共党史研究》2023 年第 1 期。

即"中国的现代化，并非仅仅是西方冲击的被动反应，其有着作为中国文化主体性的自身内在脉络，近代以后中国的变化，依然在中国文化上千年自身演化的历史延长线上。在外来文化的刺激之下，中国传统内部的若干非主流因素，在新的时势之下，发酵为近代中国的主流趋向，为现代化的发生和展开提供了本土的合法性资源"。①

综观 2023 年中共党史和共和国史研究范式和方法，我们可以看到学界在研究视角和方法论上稳步推进，取得了较大进展，涌现出了一批高质量带有思辨性和创造性的学术成果。从研究范式和方法的总体来看，主要有以下三个鲜明特点：一是注重综合性的研究方法和范式，无论是综合性党史、国史研究还是专题性研究在方法探讨中都注重借鉴其他学科研究方法，以使研究内容更加丰富的基础上还原历史本相。二是注重厘清党史国史内在历史属性和其与政治学、马克思主义等交叉学科之间的关系，强调在研究中应综合考量多重属性，以使研究更加丰满、全面。三是面向时势，对中共党史学科自身的建设与发展进行了探索。

与数量众多的专题性实证研究相比，学界对中共党史和国史理论与方法的关注仍显不足，成果相对较少，这也在一定程度上造成了党史、国史研究在学理不够的情况下，呈现出碎片化等问题。这也提示未来研究者应当从方法论角度继续努力，以使中共党史和国史研究和中共党史学科建设更加完善。

---

① 许纪霖：《从自身的历史脉络理解中国现代化》，《近代史研究》2023 年第 1 期。

2023 年度苏联史研究报告

崔海智

华东师范大学社会主义历史与文献研究院/历史系

2023 年,在俄国档案不断解密和开放的基础上,俄国学者不仅继续开展苏共历史档案文献出版和研究工作,而且主要利用丰富的俄国档案材料,在苏联历史研究、国际共产主义运动史和社会主义国家间关系史研究,以及苏共领导人研究等方面都取得了重要成果。

一、苏共历史档案文献的出版

近年来,随着俄国档案的不断解密和开放,俄国国内关于苏联共产党历史档案文献的出版工作继续向前推进,2023 年最为瞩目的是出版了《1926 年 7 月 14—23 日联共(布)中央和中央监察委员会联席会议:文献和材料》①《白俄罗斯农业的恢复:1946—1950

---

① *Кудрявцев И. И.* Объединенный пленум ЦК и ЦКК ВКП(б). 14 - 23 июля 1926 г. : Документы и материалы, Москва: РОССПЭН, 2023.

年》①和《处于危险边缘的经济政策：1991 年》②三部档案文献集。

《1926 年 7 月 14—23 日联共(布)中央和中央监察委员会联席会议：文献和材料》档案集首次披露了俄罗斯社会政治史档案馆最新解密的联共(布)中央和中央监察委员会 7 月联合全会的会议记录等档案材料,这些档案材料揭示了联共中央内以斯大林为首的多数派和以季诺维耶夫和加米涅夫为首的所谓新的反对派之间的激烈斗争。此外,这部档案集还包含本次联席会议通过的关于中国问题和波兰问题、关于英国矿工罢工、关于苏维埃改选、苏联住房建设和粮食采购以及关于拉舍维奇、季诺维也夫等案件的决议草案和决议。

《白俄罗斯农业的恢复文献资料：1946—1950 年》是俄罗斯联邦档案署和白俄罗斯共和国司法部档案和档案管理局联合开展的一个档案出版项目,是 2018 年联合出版的《白俄罗斯农业的恢复文献资料：1943—1945 年》档案集系列的延续。③该档案集共包含 265 份档案文献,其中 169 份来自白俄罗斯共和国国家档案馆,74 份来自俄罗斯联邦国家档案馆,29 份来自俄罗斯国家经济档案馆,14 份来自俄罗斯国家社会和政治历史档案馆。这些文件的内容包括苏共中央法令、决议、命令、指令、报告、备忘录、参考资料、信息、信件等。本档案集共有六部分内容,第一部分是关于 1946—1950 年白俄罗斯加盟共和国农业恢复和发展五年计划的起草和通过;第二部分包括有关恢复和发展白俄罗斯加盟共和国农业的文件。第三、第四和第五部分是关于白俄罗斯加盟共和国集体农庄、国营农场和拖拉机工作站

①　Селеменев В.Д.（отв. сост.）Восстановление сельского хозяйства Беларуси：1946 - 1950：документы и материалы,Минск：НАРБ, 2023.

②　Курапова Е.Р. Экономика на острие политики. 1991 год,Москва：издательство Кучково поле Музеон,2023.

③　Селеменев В.Д.（отв. сост.）Восстановление сельского хозяйства Беларуси：1943 - 1945：документы и материалы,Минск：НАРБ, 2018.

工作的文件。第六部分是关于白俄罗斯解密共和国西部地区的农业发展情况。这些档案文件表明：1946—1950 年间在白俄罗斯恢复了播种面积,西部地区实行了集体化,加强了集体农庄和国营农场的物质技术基础,成千上万的家庭搬到了新房,尽管在组织和经济上建立集体农庄和国营农场存在一些困难,但国家农业生产计划仍然得以实现。由于白俄罗斯加盟共和国领导层和联盟中央之间的相互作用、白俄罗斯苏维埃社会主义共和国各级领导的努力以及数百万农村劳动者的劳动活动,为白俄罗斯苏维埃社会主义共和国农业的进一步发展和增长奠定了基础,使其成为苏联农业经济中最发达的部门之一,为国家提供了必要的产品,同时也为白俄罗斯居民提供了体面的生活。这部档案集的出版对于研究战后初期苏联国内经济问题,特别是对这一时期白俄罗斯农业问题的研究具有极其重要的史料价值。

《处于危险边缘的经济政策：1991 年》是一部专门用于研究苏联后期经济史的档案文献集。1991 年 4 月,根据苏联最高苏维埃关于"稳定国民经济和向市场经济过渡的基本方向"的决议成立了苏联经济预测部,以取代原来的苏联国家计划委员会。在成立不到一年的时间里,苏联经济预测部积累了大量宝贵的文献资料。这部档案集包含的这些资料揭示了苏联政府对当时国家经济困境的看法以及摆脱危机的途径。此外,该部档案文件集还包含有大量关于当时苏联联盟中央和地方政府所实行的经济政策的宝贵资料,反映了苏联在其存在的最后一年中经济发展的特殊性。从这些文件中可以看出,到 1991 年夏天,苏联经济已进入转型期,在这一阶段,苏联国民经济发展特点是,联盟中央计划管理经济的活动与越来越多地利用市场机制刺激经济实体的活动相结合。联盟中央采取的这种措施并非偶然,而是由当时国家的社会经济政策所决定的。此外,该档案集中的文件还表明,在戈尔巴乔夫改革浪潮中出现的政治权力中心之间的尖锐对立对苏联经济体系产生了严重的破坏作用。本档案文献集共有 248 份文件，由两个部分组成。第一部分的主题是"经济生活的运行问题"，时间范围是 1991 年 6 月至 8 月和 1991 年 9 月至 12 月，内容包括苏联经济预测部对苏联政府关于经济问题的指示的回应，以及关于该部对当地经济生活状况进行的分析；第二部分的内容是苏联经济预测部"分析材料和预测"，包含了该部关于 1991 年、1992 年、1993—1994 年期间国家经济发展的设想和对苏联经济的某些关键问题进行分析和预测的档案文件。该文件集的出版对于研究苏联晚期的经济以及苏联解体等问题具有非常重要的价值。

二、苏联历史研究

2023 年俄国学者的苏联历史研究成果内容丰富，既有关于苏联历史的综合性著作，也有涉及苏联政治、经济、军事、文化、民族问题、苏联解体、苏联社会文化、意识形态、苏联司法、苏联科技等问题的研究成果。主要表现在如下几个方面：

1. 苏联历史综合性著作

2023 年，在苏联历史研究领域，最为引人注目的是出版了莫斯科国立大学历史系教授弗多文教授的《苏联：一个伟大国家的历史，1922—1991 年》（第三版）这部专著。[①] 该部著作通过对 1922—1991 年苏联社会政治和社会经济中的主要事件的研究，揭示了苏联内外

---

① *Вдовин А. И.* СССР：История Великой Державы，1922 - 1991，Издание третье，переработанное и дополненное，Москва：Проспект，2023。该部著作的第一版于 2018 年出版，参见 *Вдовин А. И.* СССР. История великой державы（1922 - 1991 гг.），Москва：РГ-Пресс，2018。

政策的意识形态基础,以及苏联国家和人民发展到其历史顶峰的主要因素和结果。同时,作者也对导致 1991 年苏联出现的困难、不可逆转的危机的原因,以及政府滥用权力和所犯的错误进行了客观的描述。该部著作从国家、民族和爱国主义立场出发,主要作为高等和中等教育机构的教材使用,与以往的相关研究成果相比,其中关于苏联原子武器的制造史、持不同政见者、苏联民族政策等问题的研究具有较大的创新。关于苏联的解体的原因问题,作者也提出了独特的看法。作者认为:苏联解体的主要原因是 20 世纪 70 年代以来国内生产总值增长率下降、科技进步滞后、国家领导人无力改革和确保体面的生活水平。世界上许多技术和经济发展水平较低的国家的人均生活必需品消费量高于苏联,这在导致苏联解体的进程起到了决定性作用。民族因素在苏联解体中发挥了至关重要的作用。苏联建国初期以来的民族政策史,就是一部不断克服多民族国家中已有的和新出现的矛盾和困难的历史。同时,作者也认为,苏联领导人在进行改革的过程中犯下了一系列的错误,特别是如果苏联领导人选择了在保持国家控制的同时逐步将市场机制引入经济的道路,那么苏联将会继续向前发展。对于苏联解体后国际社会主义的发展,作者认为,苏联和世界社会主义体系解体后,历史的终结并没有到来,社会主义并没有不复存在,它正在以中国和古巴社会主义道路的形式向前发展。

2. 苏联经济

在关于苏联经济问题的研究中,俄国学者对苏联的经济改革问题、苏联的工业化问题、农业和林业问题都有所研究。

首先关于苏联经济改革问题的研究。A.A.别列赫和 B.A.梅伊在《苏联的经济改革》①一文中对 1921 年至 1985 年期间苏联经济改革

---

① *Белых А. А.*, *Мау В. А.* Экономические реформы в СССР: 1921－1985 гг.// Вопросы экономики, 2023，№ 11，с. 81－108.

的理论和实践经验进行了研究,对研究苏联经济制度改革史的现有方法、改革理论的发展程度以及解决这些问题的新方法进行了探讨。在这篇文章中作者重点介绍了苏联经济改革的主要阶段,其中对作为经济改革的新经济政策以及 1965 年的柯西金改革予以了特别的关注。此外,作者还提出对苏联经济进行改革的三种方法:通过行政措施改进计划,通过寻找关键计划指标,以及通过形成作为经济激励制度的经济机制。

而关于苏联晚期的经济改革,俄罗斯科学院经济研究所研究员叶尔莫洛夫在《当代俄国学者对苏联晚期经济问题的看法》①一文中对当代俄罗斯历史学家和经济学家近年来特别关注的关于苏联晚期经济改革的问题的看法进行了研究。作者认为,俄国历史学家和经济学家对苏联晚期经济问题提出的许多解释在某些方面是一致的,但在某些方面又相互矛盾。通过对这些看法进行比较分析,作者认为,苏联所面临的复杂问题,其中大部分问题是无法通过柯西金改革或其更激进的改革来解决的,苏联经济的主要问题是需要融入全球世界经济,而这一问题在当时并未被人们充分意识到。

其次,关于苏联工业问题的研究。在此方面,俄国学者的研究不仅对苏联的石油的出口问题,而且对苏联国家工业化的转变、苏联工业发展的特点以及工业大生产运动等问题进行了研究。

库兹涅佐夫海军学院的 B.B.沃尔科夫在《关于苏联依赖石油售卖的神话》②一文中根据丰富的统计资料和研究数据,通过对苏联石油产量、向资本主义国家和社会主义国家出口石油和石油产品的情

① *Ермолов А.Ю*. Взгляды современных российских учёных на экономические проблемы позднего СССР//Вопросы теоретической экономики. 2023. № 2 (19). с. 156 - 173.

② *Волков В. В.* Миф о зависимости СССР от продажи нефти//Свободная мысль, 2023, №1 с.25 - 32.

况、苏联向个别国家出口石油和石油产品的收入数据、石油出口在苏联生产中所占比重进行的动态分析,得出了关于苏联晚期没有对石油和石油产品的出口产生严重依赖的结论。A.P.加普萨拉莫夫、B.Л.瓦西里耶夫和 Т.Н.博奇卡廖娃在《苏联国家工业政策的转变:影响因素、形式和方向》①一文中对苏联工业政策的逐步转变、其外部和内部"刺激因素"以及对管理集权和分权的影响进行了研究。而 C.B.丘耶夫《苏联顿河流域的经济和工业潜力:过去的经验教训》②一文中以罗斯托夫州为例,对苏联时期工业和经济发展的特点进行了分析,并对社会主义工业和技术发展模式的明显成就和不足进行了探讨,作者认为,苏联工业潜力的倍增首先应该是为了创造生产资料,但却无法满足居民的消费需求。苏联改革初期的现代化举措并没有从根本上改变工业和经济的状况。此外,M.A.费尔德曼在《1930 年代中期斯达汉诺夫工人和女工全苏第一次会议和关于工业化的讨论》一文中,③根据丰富的历史资料,对 20 世纪 30 年代苏联国内的"斯达汉夫"运动、苏联的大生产运动和工业化问题进行了深入的研究。

最后,关于农业和林业的研究。

C.C.克兹洛夫在《20 世纪 50 年代初农业改革的原因和起点》④

---

① *Гапсаламов А.Р., Васильев В.Л., Бочкарева Т.Н.* Трансформация государственной промышленной политики в СССР: факторы влияния, формы и направления//Вопросы истории, 2023, № 6 (1),с. 56-65.

② *Чуев с.В.* Экономический и промышленный потенциал Советского Дона: уроки прежнего опыта//Вопросы истории, 2023, № 3 (2),с. 32-41.

③ *Михаил Фельдман* Первое Всесоюзное совещание рабочих и работниц-стахановцев и дискуссии об индустриализации в середине 1930-х гг.//Российская история, 2023, №4,с. 187-199.

④ *Козлов С.С.* Причины и исходные позиции аграрных реформ к началу 1950-х гг.//Вопросы истории, 2023, № 12 (3),с. 44-69.

一文中对 20 世纪 50 年代苏联农业政策的法律规范问题，以及实施农业改革的主要行政和法律方法进行了研究。而叶夫根尼·沃耶科夫在《1919—1921 年木材采伐的私营企业：中央的意图和各地区的反对》[①]一文中对苏联早期对木材采伐私营企业的改造问题进行了研究。作者以伏尔加河地区的一些省份为例，对全俄人民委员会林业委员会吸引私营企业家的发展历程进行了探讨。作者认为，由于俄国国情的多样性，在某些情况下，私营企业家的活动仍然是有效的，但联共（布）中央倾向于忽视具体的经济形势和各个地区发展的具体情况，并希望把疆域辽阔、气候和经济条件各不相同的不同地区纳入一个单一的模式中。

3. 苏联军事

在 2023 年俄国学者关于苏联军事问题的研究成果中，较为突出的是 А.В.加宁的专著《1917—1922 年俄国内战期间的总参谋部人员》[②]，在这部专著中，作者使用了 14 个国家 53 个档案馆的档案文件，包括特勤部门档案，以及一些军官后代家属的口述史料，对十月革命后苏俄国内战争期间总参谋部的军事精英和专家参与革命的复杂过程、总参谋部的分裂、这些专家在创建和加强相互敌对的军队（红军、白军和民族军）中的作用、参与政治斗争、参与地下组织的工作、行为策略（包括从一个阵营过渡到另一个阵营）、新总参谋部人员的培训以及战争的后果等问题进行了研究。

2023 年俄国学者发表了大量纪念这次战役及苏联卫国战争胜利的文章。И.А.波将金教授运用丰富的俄国档案材料，发表关于卫

---

① *Евгений Воейков* Частное предпринимательство на лесозаготовках в 1919 - 1921 гг.: замысел центра и оппозиция регионов//Российская история，2023，№2，c.133 - 145.

② *Ганин А. В.* Кадры Генерального штаба в период Гражданской войны в России 1917 - 1922 гг. М.: Кучково поле Музеон, 2023.

国战争期间苏联内务人民委员部部队的活动的系列文章。① A.波波夫等人在《过去的节奏：苏联记忆政策中的卫国战争周年纪念(1945—1965 年)》②一文对 1945—1965 年间苏联公民纪念卫国战争的潮流进行了研究，且指出这种周年纪念的工具性作用在不断加强，其主要目的是实现国内政治的目标，到 20 世纪 60 年代中期，战争记忆终于成为苏联领导层最有效的象征性资源之一。它起到了巩固意识形态和动员苏联人民的作用。此外，在俄国学者的研究中还出现了关于卫国战争期间功勋卓著的苏联元帅巴格拉米扬进行研究的成果、③关于卫国战争期间斯维尔德罗夫斯克文学和艺术的研究成果④以及

------

① *Потёмки* н И.А.Войска НКВД СССР, истребительные батальоны органов УНКВД и милиция в обороне Воронежа в 1942-январе 1943 г//Вопросы истории, 2023, № 11 (2), 74 - 83; *Потёмкин И.А., Епифанов А.Е.* Из опыта оперативно-боевого применения бронетанковых подразделений войск НКВД СССР в борьбе с националистическими формированиями на Западной Украине в 1944 - 1945 гг.//Вопросы истории, 2023, № 10 (1); *Потёмкин И.А., Колпаков П.А.* Действия частей войск НКВД по обороне железнодорожной инфраструктуры в годы Великой Отечественной войны//Вопросы истории, 2023, № 4 (1); *Потёмкин И.А., Колпаков П.А.* Борьба войск НКВД СССР по охране железных дорог с хищениями грузов в годы Великой Отечественной войны//Вопросы истории, 2023, № 12 (1); *Потёмкин И.А., Колпаков П.А.* О борьбе войск НКВД с диверсиями и шпионажем на железных дорогах в годы Великой Отечественной войны...// Вопросы истории, 2023, № 9 (1); *Потёмкин И.А., Лукьянов с.А.* Деятельность органов НКВД СССР по контрразведывательному обеспечению партизанского движения в Великую Отечественную войну(1941 - 1943 гг.)//Вопросы истории, 2023, № 11 (1).

② *Алексей Попов, Никита Пивоваров, Ксения Сак* Ритмы прошлого: первые годовщины Великой Отечественной войны в советской политике памяти (1945 - 1965)//Российская история,2023,№3,c.95 - 114.

③ *Иоффе Э.Г.* Один из главных творцов Великой Победы (малоизвестные факты биографии Маршала Советского Союза И.Х. Баграмяна)//Вопросы истории, 2023, № 12 (1), c.32 - 46.

④ *Сперанский А.В.* «Муза тоже там жила...»: литература и искусство Свердловска в годы Великой Отечественной войны//Вопросы истории, 2023, № 8 (2), c.26 - 39.

战争期间苏联军人家属对政治进行支持的措施和活动①。

在纪念卫国战争的研究成果中,内容最为丰富的是关于纪念斯大林格勒战争胜利 80 周年的研究成果,这些研究成果有:《1942—1943 年苏联和德国军政领导人战略计划中的斯大林格勒》②《〈新时代〉报道中的斯大林格勒之战》③。

此外,在 2023 年俄国学者关于苏联军事问题的研究成果中还出现了二战期间军事反情报部门对红军最高指挥官活动进行监视的研究成果④,以及第二次世界大战之后苏联国家计划与军事工业转型问题的研究成果⑤。

4.苏联对外关系

2023 年,关于苏联对外关系的研究是俄国学者取得突出成果的又一重大领域。其研究的内容非常丰富,既有关于苏联与国际组织和国际会议的研究成果,又有各个时期苏联与其他国家关系的研究成果,还有关于苏联外交政策的转变以及体育外交的具体实践等方面的研究成果。

---

① *Хаблиева Л.Ч., Колесников И.Н., Туфанов Е.В., Гуляк И.И.* Мероприятия по поддержке семей военнослужащих в годы Великой Отечественной войны (на материалах ГАНИ РСО-А и ЦГА РСО-А).//Вопросы истории, 2023, № 9 (1).

② *Мирослав Морозов* Сталинград в стратегических замыслах военно-политического руководства СССР и Германии в 1942 - 1943 гг.// Российская история, 2023, №3, с.3 - 13.

③ *Пейчич А.*, Бурдина Г.М., Сухарева И.В., Вагабов М.М. — Битва за Сталинград на страницах газеты «Новое время».//Вопросы истории, 2023, № 10 (1), 90 - 97.

④ *Греков Н.В.* Наблюдение военной контрразведки за действиями высшего командного состава Красной армии в ходе боевых операций 1941 - 1945 гг.// Вопросы истории, 2023, № 12 (3), с. 20 - 43.

⑤ *Алексей Захарченко* Госплан и проблема конверсионного перехода в военной промышленности СССР во второй половине 1940-х гг.// Российская история, 2023, №5, с. 84 - 102.

（1）苏联与国际组织和国际会议

2023 年,俄国学者在关于苏联与 1922 年热那亚会议、1954 年日内瓦会议,以及苏联与国际联盟的研究方面取得了重要的成果。

1922 年热那亚会议是苏维埃俄国诞生后第一次参加的重要国际会议,苏联在这次会议中的立场对于本国无政府主义派别产生了重要的影响。B.B.达米耶在《俄罗斯无政府主义者眼中的 1922 年热那亚会议》①一文中,利用 1922—1923 年俄国无政府主义者的原始报刊(主要是移民报刊),对苏维埃俄国代表参加热那亚会议的情况以及俄国无政府主义者对这次会议的态度进行了研究。这些研究表明,俄国无政府主义者对热那亚会议的看法主要取决于他们的意识形态动机及其对俄国革命进程和自身命运的总体分析。作者认为,热那亚会议之后,俄国无政府主义移民对布尔什维克主义的批判导致了国际工会革命运动的分裂和无政府社会主义运动的产生,并建立了无政府主义者的社会主义国际。

A.B.舒宾在《1954 年日内瓦会议:谁是赢家?》②一文中对苏联参加 1954 年关于解决朝鲜和印度支那冲突的日内瓦会议中的立场进行了分析。作者认为,在这次会议上,对于苏联外交来说,重要的是取得一个总体上能够缓和国际局势、建立和平的结果,而中国外交则追求更具体的目标,即在与美国及其盟国对抗的南北两翼建立缓冲区。结果,苏联外交追随中国外交,中华人民共和国首先提出的越南分治方案得以实现,而关于解决朝鲜冲突的问题则被冻结起来。中苏与英法的关系得到了进一步改善,这在一定程度上进一步孤立了

---

① *Дамье В. В.* Генуэзская Конференция 1922 года глазами российских анархистов// Новая и новейшая история, 2023, №2,c.86 - 99.

② *Шубин А. В.* Женевская конференция 1954 года: кто выиграл? //Новая и новейшая история, 2023, №6, c.122 - 135.

美国。从这一意义上来说,1954 年日内瓦会议是"早期缓和"的一项重要成果。

此外,俄国学者还对苏联与国际联盟的立场进行了研究,在《通往战争之路的国际联盟:苏联的立场》①一文中,作者对维持一战后的现状和改善国际关系而成立的国际联盟的作用进行了研究,作者认为,国际联盟在缓解甚至消除一些国际冲突方面取得了一些成功,在打击国际海盗行为方面证明了自己是相当成功的,并制定了一些至今仍在规范国家间关系某些重要方面的法案,但国联经受不住修正主义倾向的打击,而且它也没有考虑到国际形势的根本变化,因此,苏联旨在稳定国际局势的行动无法抵消放弃集体和平行动的总趋势。

(2)双边和多边关系②

首先,在苏联的对外关系研究中,在 2023 年,苏美关系仍然是俄国学者最为关注的研究领域,其内容不仅涉及苏联的宗教问题,而且还涉及 20 世纪 60 年代冷战期间的苏美危机、苏美在印度支那地区和阿富汗的冲突问题等。

А.Л.别格洛夫和 И.А.法捷耶夫利用解密的梵蒂冈国务秘书处的四份档案文件,对第二次世界大战期间美苏代表就苏联的宗教自由问题进行交涉的过程进行了研究③。这些研究表明,1941 年秋,因苏联国内的宗教迫害问题,罗斯福总统试图将苏联纳入租借计划的努力遭到了美国有影响力的宗教界,尤其是美国天主教徒的抵制。

---

① Ирина Хормач Лига наций на пути к войне: позиция СССР// Российская история, 2023, №3, c.165 - 178.

② 关于苏联与社会主义国家关系的研究见第三部分。

③ Беглов А. Л., Фадеев И. А. Американские представители в СССР и судьба советской религиозной политики в начале великой отечественной войны: из корреспонденции отца леопольда брауна 1941 года// Новая и новейшая история, 2023, №3, c.207 - 227.

在这种情况下,美国政府一方面寻求梵蒂冈的支持,另一方面寻求苏联领导人发表声明,确认其对苏联法律中宣布的宗教自由原则的承诺,因此美国驻苏代表与苏联政府就这一问题进行了交涉。

И.Э.马加杰耶夫利用俄国和美国档案材料,通过苏联和美国领导人对 1961—1962 年柏林危机和加勒比危机的不同评估,对两次危机期间苏美领导层的战略评估中关于两大危机之间的相互关系问题进行了研究。① 作者认为,这两大危机并不是独立的现象,而是承载着千丝万缕的联系。克里姆林宫在 1961 年 8 月之前一直对柏林局势态度坚决,随后利用"柏林问题"掩盖自己在古巴的准备工作。对白宫来说,柏林墙的修建并不像克里姆林宫那样是危机发展的里程碑。在 1961—1962 年间,华盛顿担心苏联并未放弃以某种方式将西方军队赶出柏林的意图;在相当长的一段时间内,美国分析家是通过柏林问题的棱镜来看待"古巴问题"的,而不是相反。超级大国领导层的战略评估注意到了危机之间的联系,这对苏联和美国在冷战高峰期的评估和行动产生了影响。

1961—1962 年的柏林危机和古巴导弹危机使苏美领导人认识到两国避免直接发生冲突的必要性。正是在这一背景下,苏美两国开始把对抗的领域转向第三世界,并加强了对第三世界的争夺。在此方面,В.В.纳姆金对 60 年代美国和苏联在阿富汗和中东地区的斗争,П.П.斯科罗戈罗夫和 А.И.谢尼科夫对苏联在越南冲突中的对美战略决策、С.В.马佐夫对苏联对尼日利亚内战期间向联邦政府提供的军事援助问题进行了研究。

А.И.谢尼科夫在《苏联—美国—阿富汗三角关系与 1960 年中东

①　*Магадеев И. Э.* Берлин-Куба: Взаимосвязь кризисов холодной войны в стратегических оценках сверхдержав (1961 - 1962)//Новая и новейшая история,2023,№6,с.136 - 150.

冷战的加剧》①这篇文章中，作者在大量历史文献和史学研究的基础上，对 1960 年冷战时期中东周边地区苏联—美国—阿富汗三角关系的历史进行了探讨，同时对于在阿拉伯联合共和国的成立和伊拉克革命等标志性事件引发了中东冷战升级的背景下，苏美、苏埃和美埃关系出现的特殊格局进行了描述，解释了苏埃意识形态冲突的起源和发展，以及促成 1960 年两国关系正常化的原因。此外作者还对美国在这些事件中的作用以及艾森豪威尔政府在 1959 年底苏联立场暂时削弱的背景下与开罗和解的实际行动进行了详细的分析。

В.В.纳姆金和 П.П.斯科罗戈罗夫则对 1965 年中共中央主席团会议和苏联在第二次印度支那战争中对美战略路线的确定问题进行了研究。② 作者在对俄国和大量外国档案馆材料进行深入分析的基础上，对柯西金与越南、中国和朝鲜领导人谈判的过程和结果进行了详细的分析。作为苏联、中国、朝鲜反美联盟的一部分，苏联正是在这一时期实际上从一个旁观者变成了越南战争（更广泛地说，是在远东与美国对抗）的参与者之一。美国在印度支那的失败，使苏联与美国一样成为世界的超级大国。

С.В.马佐夫在《尼日利亚内战期间苏联向联邦政府提供的军事援助(1967—1970 年)》③这篇文章中，以最新解密的俄罗斯联邦外交

---

① *Сенников А.И.* Треугольник СССР-США-ОАР и обострение холодной войны на ближнем востоке в 1960 г// Вестник гуманитарного образования. 2023. № 2 (30). с. 68 – 85.

② *Наумкин В.В., Скороспелов П.П.* «Силам социализма выгодно, чтобы американцы покрепче завязли в юго-восточной Азии»: президиум ЦК КПСС и определение стратегической линии СССР во второй индокитайской войне в 1965 году// Новая и новейшая история, 2023, №3, с.131 – 153.

③ *Мазов С.В.* Военная помощь СССР федеральному правительству во время гражданской войны в нигерии （1967 – 1970)// Новая и новейшая история, 2023, №4, с.167 – 188.

政策档案馆档案文件为基础,对尼日利亚内战期间苏联向联邦政府提供的军事援助问题(援助的规模、苏联武器在战争中的使用情况等),以及这些援助对苏尼关系的影响问题进行了研究。作者的研究表明,苏联的军事援助遵守了严格的规定,没有采取任何可能使苏联卷入尼日利亚冲突的行动。苏联和尼日利亚之间的军事技术合作成为扩大和深化双边关系的主要因素。战争期间,苏尼关系从无到有,进而发展到相当高的水平。双方缔结了第一份经济和技术合作协定,政治和文化接触也得到了加强。然而,苏联的军事援助并没有使尼日利亚转变为苏联的盟国,尼日利亚的外交政策没有发生重大变化,仍然以西方为导向。

其次,第二次世界大战之前苏联与其他国家和地区的关系研究。

Е.Ю.谢尔盖耶夫对 20 世纪 20 年代波斯、阿富汗、印度西北部等地的反殖民主义运动对苏英关系的影响问题①进行了研究。作者在国际学术界相关研究成果的基础上,根据多国文献资料对这一时期苏联和英国在中东地区的政策目标和行动方案进行了历史的考察。最后,作者的结论是,这一时期中东地区民族主义倾向的加强对苏联的对外政策和英国的国内政治都产生了重大的影响,正是由于这一因素,苏联领导人不得不在这一地区放弃"世界革命"的思想,而英国政府也在 20 世纪 30 年代从一党制内阁向组建全国性的多党联合内阁过渡。

第二次世界大战之前,苏联面临严峻的国际环境,国际上存在各种各样的反苏阴谋和反苏宣传,其中表现在战前波兰和日本针对苏联缔结的军事条约,以及战争期间土耳其国内的反苏宣传问题。亚历山大·根纳季耶维奇·佐里欣对 1922—1939 年波兰和日本针对

---

① *Сергеев Е. Ю.* Воздействие антиколониальных движений среднего востока на советско - британские отношения 1920-х годов// Новая и новейшая история,2023,№5,с.111 - 123.

苏联缔结的一项秘密军事协定问题进行了研究，①根据这一研究，波兰与日本在 1931 年缔结的这项协定于 1932 年 3 月被苏联国家安全机构获悉并报给了苏联军事和政治领导人，因此，苏联总参谋部在 1939 年之前的武装部队战略部署计划中，一直包含了日本和波兰对苏联采取联合军事行动的可能性。К.Ф.梅尔科尼扬等人对 1943 年土耳其的反苏宣传和苏联的外交问题进行了研究，②文章探讨了 1943 年在土耳其政治、外交和其他各界的公开言论中广泛传播的事件，这些事件成为战争期间土耳其国内反苏宣传的形成和扩大的基础。

正是由于面临这样严峻的国际环境，为了改善苏联的国际处境，减缓面临的压力，在中国的抗日战争爆发之后，苏联开始对中国提供政治和经济方面的援助，在此方面，А.В.卢布科夫和 М.В.诺维科夫对 1937—1941 年苏联对"中华民国"进行军事援助的政治、经济和组织条件问题进行了研究。③

此外，2023 年俄国学者关于苏联对外关系的研究成果中还有关于苏联的体育外交的形成和德国阿登纳总理关于苏联外交危机理论的研究。安东·格卢希奇对 20 世纪 20 年代末苏联体育外交的形成，及其结构和时间问题进行了研究④。作者认为，苏联的体育外交

---

① *Зорихин Александр Геннадьевич* К вопросу о польско-японском военном союзе против СССР в 1922 – 1939 гг.// Проблемы Дальнего Востока，2023，№ 6，с.148 – 157.

② *Мелконян К.Ф.，Мхоян А.Х.，Сухарева И.В.，Вагабов М.М.，Алексанян О.с.* Антисоветская пропаганда в Турции и дипломатия СССР в 1943 г.//Вопросы истории，2023，№ 10 (1)，с.98 – 107.

③ *Лубков А.В.，Новиков М.В.* Политико-экономические и организационные условия оказания Советским Союзом военной помощи Китайской Республике в1937 – 1941 гг//Вопросы истории，2023，№ 9 (2)，с.4 – 19.

④ *Антон Глушич* Становление советской спортивной дипломатии: структуры и практики// Российская история，2023，№5，с.139 – 153.

是一种成熟的外交实践，在不同程度上确保了与外国接触的经常性，并成为苏联国家外交政策的一部分。A.H.索罗金对联邦德国总理阿登纳关于苏联危机的理论进行了详细的描述①，根据这一理论，苏联的经济问题加上世代交替和提高人民生活水平的需要，应促使苏联限制军备竞赛并向西方做出让步；另一方面，苏中矛盾也是一个对苏联的外交政策产生制约作用的重要因素。从长远来看，这些问题本应迫使苏联放弃其在欧洲的地位，并在德国问题上做出让步。

最后，值得关注的是，俄国学者还对解冻时期苏联外交和苏联国家形象的转变问题进行了研究②。作者认为，苏联国家的新形象与苏联新领导人的个人形象是分不开的，而且苏联各级宣传部门、演讲稿撰写团队、报刊、广播、电视和新闻片也都参与了新形象的塑造。但作者认为，最终只有戈尔巴乔夫才真正成功地彻底改变了西方对苏联的看法。

5.苏联解体问题

苏联解体问题一直是俄国学者非常关注的一个研究领域，2023年，俄国学者在此方面取得的研究成果主要表现在戈尔巴乔夫改革期间苏联的粮食安全问题、1991 年苏联军人对戈尔巴乔夫政策的态度问题，以及关于苏联成就和解体原因的反思。

M.C.普扎诺娃对 20 世纪 80—90 年代以及苏联解体后苏联的粮食安全保障问题进行了研究③。通过对 20 世纪 80 年代苏联从粮食

①　*Сорокин А. Н.* Теория кризисов СССР канцлера ФРГ Аденауэра// Новая и новейшая история，2023，№5，c.158 - 171.

②　*Елена Зубкова* «Не-сталинский» Советский Союз：формирование и трансформация нового международного имиджа страны в годы оттепели（1953 - 1968）// Российская история，2023，№ 6，c. 13 - 25.

③　*Пузанова М.С.* Обеспечение продовольственной безопасности в СССР в 1980 - 1990-х годах и после распада СССР//Клио. 2023. № 4 (196). c. 118 - 127.

出口国转变为主要粮食进口国的一些问题,以及制订苏联粮食计划的政治和经济条件进行的分析,对苏联为加强农工业生产而提出的措施、取得的成果以及截至 1990 年苏联粮食计划的执行结果进行的研究,作者认为,自 20 世纪 60 年代以来,由于国家对农工行业的管理和发展采取了广泛而保守的方法,苏联农工行业经历了日益严重的危机,这是导致苏联国外粮食采购量逐渐增加,主要粮食依赖进口的主要原因。

B.E.索特尼科夫对 1991 年 3 月 29 日至 30 日召开的苏联全军党员大会以及苏联军人在 1991 年 3 月"改革"政策最后阶段对戈尔巴乔夫的态度问题进行了研究。[①] 作者认为,在当时叶利钦与戈尔巴乔夫的政治对峙中,军队的立场具有决定性的重要意义,而 1991 年 3 月 29 日至 30 日召开的第一次全军党员代表大会为戈尔巴乔夫提供了利用这次会议获得军队支持的宝贵机会。作者通过最新解密的相关俄国档案材料进行的研究表明,对于军人直言不讳地提出的关于苏联武装部队存在的问题,以及解决这些问题的请求,戈尔巴乔夫并没有认真地予以对待,这就导致戈尔巴乔夫与军方之间矛盾的加深,丧失了苏军将领和整个苏联武装部队的支持。

A.И.巴斯特雷金在《苏联的成就及其解体的原因》[②]一文中对苏联在国家建设领域、科学技术、教育和卫生保健、体育教育和体育运动发展方面取得的成就,以及苏联在国际舞台上的重要作用进行了研究。作者认为,苏联取得的这些成就能够使其带领全国人民走上

---

① *Сотников В.Е.* Всеармейская партийная конференция 29 – 30 марта 1991 г. как отражение отношения советских военнослужащих к политике М.С. Горбачева// Клио. 2023. № 6 (198). с. 190 – 196.

② *Бастрыкин А.И.* Достижения СССР и причины его распада: к 100-летию образования//Вестник Академии Следственного комитета Российской Федерации. 2023. № 3 (37). с. 11 – 21.

经济、社会和文化进步的道路。作者认为,苏联解体的原因是多方面的,并且苏联的解体造成了 20 世纪最大地缘政治灾难。

А.Ю.布卜诺夫 М.А.萨维利耶娃以俄罗斯社交媒体 Telegram 的材料为基础,对当代俄罗斯社会意识断裂背景下关于苏联解体的记忆的语义结构及其对当代俄罗斯的影响进行了研究。① 作者通过对关于苏联解体的两种主要叙事——爱国主义叙事和西方自由主义叙事方式进行的分析,最后得出的结论是:苏联解体的悲惨记忆通过文化创伤机制成为俄罗斯社会集体认同的一部分,极大地改变了俄罗斯社会。

6. 苏联社会、宗教、意识形态、科学文化、法治建设等

2023 年,俄国学者还在关于苏联社会、意识形态和宣传、苏联司法、科学和文化、科技、医疗卫生等问题发表了一系列研究成果。

在苏联社会史方面,М.А.别兹宁和 Т.М.季莫尼根据俄罗斯国家社会政治历史档案馆和俄罗斯联邦国家档案馆档案材料对 20 世纪 20 年代末到 50 年代初俄罗斯上层社会有产者的权力和所有权关系的规范进行了研究;②В.А.伊波利托夫利用俄罗斯一些地区村委会的选举材料对 20 世纪 20 年代中期俄罗斯农民的社会和政治情绪进行了研究,③值得关注的是,作者在对俄罗斯农村积极分子对城市工人、物价、党等的态度以及农民政治意识的增长进行研究的过程中,

---

① *Бубнов А.Ю.，Савельева М.А.* Память о распаде СССР в контексте разломов общественного сознания современной России（на материалах telegram）//Вестник Московского университета. Серия 12：Политические науки. 2022. № 6,с.79 - 97.

② *Безнин М.А.，Димони Т.М.* Этика властно-собственнических отношений производственных верхов российского общества（конец 1920-х-начало 1950-х гг.)//Вопросы истории，2023，№ 11(2)，с. 34 - 59.

③ *Ипполитов В.А.* Общественно-политические настроения российского крестьянства в середине 1920-х гг.（по материалам выборов сельских советов)// Вопросы истории，2023，№ 12 (1)，с. 4 - 21.

对农民和矿工对政府不信任的原因进行了分析;塔吉娅娜·斯米尔诺娃在《革命后俄罗斯(1917—1920 年)的家庭政策和家庭婚姻关系的转变:主要成果和当前研究课题》一文中对俄罗斯家庭社会学面临的最有争议的一个问题——社会主义革命如何影响了俄罗斯的婚姻和家庭关系这一问题进行了研究。①

在苏联意识形态和宣传问题方面,伊利亚·佩琼金和鲁斯兰·切尔维亚科夫通过对 20 世纪 60 年代至 70 年代苏联建筑的"俄罗斯化"②、冷战年代苏联的漫画杂志的研究,③以及谢尔盖·杰维亚托夫等人关于 1943—1944 年苏联国歌的创作的研究表明:无论是苏联建筑,还是漫画创作和国歌的创作都被打上深刻的意识形态色彩并深受其影响。同样,深受意识形态影响的还有苏联的审查和宣传工作。弗拉基米尔·科米萨罗夫通过对 20 世纪 60 年代至 70 年代苏联航天成就的宣传进行的研究证明了这一点。④

在苏联司法问题方面,弗拉迪斯拉夫·雷巴科夫通过对苏联司法人民委员会与二战期间苏联司法机构的管理问题进行的研究表明:苏联司法机关的职能是纠正直接违反法律的行为,取消地方行政部门的非法指令,揭露法院的非法判决和决定,采取措施消除工作组织中的缺陷,并通过奖励和纪律处分来激励法官。与此同时,司法

---

① *Татьяна Смирнова* Семейная политика и трансформация семейно-брачных отношений в послереволюционной России (1917 - 1920-е гг.): основные итоги и актуальные вопросы изучения// Российская история, 2023, №1, c.146 - 157.

② *Илья Печёнкин* «Русификация» советской архитектуры в 1930 - 1940-х гг.: идеология, теория, практика// Российская история, 2023, №2, c.161 - 171.

③ *Руслан Червяков* «Надо бить смехом»: журнал «Крокодил» и советские карикатуристы в годы холодной войны (конец 1940-х-начало 1990-х гг.)// Российская история, 2023, №5, c.121 - 138.

④ *Владимир Комиссаров* Пропаганда советских космических достижений в 1960 - 1970-х гг.: формы, способы, ограничения//Российская история, 2023, №1, c.170 - 177.

行政机关的许多秘密指示本身就是非法的,严重违反了法律,而法院的审计和检查往往不能对其所犯的错误予以纠正。苏联司法体系的问题导致了对苏联公民的无端的广泛镇压。[①]

在苏联科学文化问题方面,М.Д.布哈林通过对 20 世纪 30 年代末至 40 年代对苏德关系的变化对苏联历史叙述的影响,对苏联外交政策对苏联历史科学的影响问题进行了研究。根据作者的研究,20世纪 30 年代,苏联与英法结盟的方针决定了"反德"路线在苏联的历史叙述中的主导地位;而在 1939 年 8 月 23 日苏德互不侵犯条约缔结后,苏联历史学著作的基调急剧转变为"亲德",随后,随着卫国战争的爆发,"亲德"急剧消失;[②]此外,在苏联科学文化研究方面,Т. 克里莫娃-科亚耶娃对 1920—1945 年阿塞拜疆苏维埃社会主义共和国科学院的成立和组建问题进行了史学回顾。[③]

在苏联科技史研究方面,С.Ю.扎沃丘克和 С.В.扎宁根据全苏国家专利审查研究所的档案文件以及其他的文献资料,通过对苏联加入国际专利许可体系的过程以及相关的组织、立法措施进行的研究得出结论是:在 20 世纪 50 年代至 60 年代苏联从嵌入国际专利许可活动的模式转变为基于专利合作和按照国际规范进行标准化的一体化模式,但苏联经济和管理体制的惰性和内部成本对这两种模式的发展产生了严重的影响,这也是苏联与其他国家的技术合作发展缓慢的原因。最终,由于国际环境的变化和苏联在 20 世纪 70 年代初经济

① *Владислав Рыбаков* Наркомат юстиции РСФСР и управление судебными органами в 1941 - 1945 гг.// Российская история,2023,№3,с.51 - 61.

② *Бухарин М. Д.* Советская историческая наука и внешнеполитическая динамика в конце 1930-х-1940-е годы: линия Мишулина//Новая и новейшая история,2023,№3,с.101 - 116.

③ *Керимова-Коджаева Т.* Формирование и создание академии наук азербайджанской ССР（1920 - 1945）в трудах азербайджанских и зарубежных учёных// Новая и новейшая история,2023,№3,с.28 - 42.

发展的放缓，使得苏联未能实现与国际专利体系一体化的目标①。

在医疗卫生方面，俄罗斯科学院俄国历史研究所的 H.A.阿拉洛韦茨在其出版了专著《1959—1989 年俄罗斯苏维埃联邦社会主义共和国人口的公共卫生和健康状况》。② 这本专著主要以俄国档案材料为基础，对 1959—1989 年苏联人口普查期间俄罗斯联邦的公共卫生和居民健康状况，以及社会经济、人口、环境、心理和其他因素对苏联医疗系统和人口健康的影响进行了研究。

三、国际共运史及社会主义
国家关系史研究

2023 年，俄国学者还在国际共运史及社会主义国家关系史领域取得了重要的研究成果。

A.B.舒宾以 1921—1922 年苏联外交政策为背景，从国际共运史的角度对这一时期共产国际"统一战线"政策的形成问题进行了研究③。作者认为，在这一时期，共产国际的政策与苏联外交政策路线和 1921 年 3 月转向新经济政策的路线并未保持一致，而是有其自身的内在发展逻辑。到了 1922 年初，经过共产国际第三次代表大会前

---

① *Заводюк с . Ю.*，*Занин с . В.* Интеграция СССР в международную патентно-лицензионную систему в контексте международного технологического сотрудничества (1950-е-начало 1970-х годов)//Новая и новейшая история，2023，№2，с.122 - 133.

② *Араловец Н . А.* Здравоохранение и здоровье населения РСФСР в 1959 - 1989 гг.，М.；СПб.：Ин-т рос. истории Рос. акад. наук；Центр гуманитарных инициатив，2023.

③ *Шубин А . В.* Формирование политики «единого фронта» Коминтерна на фоне советской внешней политики 1921 - 1922 годов// Новая и новейшая история，2023，№2，с.108 - 121.

夕和会议期间的激烈讨论,共产国际的政策逐渐与苏维埃俄国的外交政策保持一致,从而有可能为了苏维埃俄国的利益来与西欧社会民主党达成和解。然而,在热那亚会议失败后,共产国际继续奉行的"统一战线"政策就不再与苏俄的外交任务保持一致了,而是将其作为共产主义在西欧各国争夺政权的战略方针。因此,无论是在与社会民主党人的谈判中,还是在共产国际第四次代表大会上对共产国际的革命行动进行研究的时候,共产国际高级领导人都认为结盟和让步是战术性的和暂时的,拒绝接受"政治上的新经济政策"和多党民主社会主义的多元化模式。

1970 年的智利革命在国际共产主义运动发展中具有非常重要的地位。俄罗斯科学院世界通史研究所高级研究员 A.A.谢尔契科夫利用最新解密的俄国档案及其他丰富的历史资料,对苏共中央对阿连德的看法及苏联与智利革命的相关问题进行了研究。[①] 因阿连德领导的智利革命体现了"智利社会主义道路"的原则、对民主和自由的忠诚,而智利领导人的思想、政治实践和个人特点在决定国家和政党对智利试验的政治政策方面具有重要意义,因此,阿连德总统及其在智利进行的社会主义实验引起了苏联领导人的特别关注,并且对莫斯科的决策产生了重大影响。作者在本文中以苏共中央文件为基础,对苏联党和国家机构对阿连德态度的演变进行了深入的研究。

2023 年,在关于社会主义国家关系方面,苏联学者的研究成果主要是冷战期间苏联与东德和北朝鲜的关系、苏联与捷克斯洛伐克的关系、苏联与古巴的关系以及朝鲜与古巴的关系。

А.П.弗朗采夫和 В.В.列别捷夫以俄罗斯联邦国防部中央档案馆、俄罗斯联邦外交政策档案馆和俄罗斯联邦国家档案馆的档案资

---

① *Щелчков А. А.* Чилийская революция и СССР: взгляд на Сальвадора Альенде из кабинетов ЦК КПСС// Новая и новейшая история, 2023, №6, c.151 - 164.

料为基础,对战后初期苏联的德国占领区和朝鲜占领区的农业改革进行了比较分析①,对现代史学关于这一问题的看法,即苏联在不同地区的占领区使用相同的手段进行了驳斥。作者认为,苏联在东德占领区和朝鲜占领区组建的军事管理机构条件相似,面临的挑战也相似。无论是在东德还是在朝鲜,军事管理部门都没有将土地改革作为实现这些领土苏维埃化的一个步骤,而是将加强共产党的社会基础作为重要的目标。文章指出,当地的具体情况以及该地区的国内外政治局势对这些改革产生了重大影响。

B.T.尤布鲁德和 A.B.左林利用美国、俄国等多国档案材料对1948 年捷克斯洛伐克二月事件进行了研究。② 作者认为,捷克斯洛伐克的二月危机是战后欧洲历史上的一个重要里程碑,这一事件引起了美国情报部门的高度关注。对于这次危机,美国情报部门的材料表明,虽然有大量关于苏联参与这次危机、其中包括关于苏联特工在这次事件中的积极作用和苏联驻莫斯科大使佐林直接参与这次危机的信息,但这些材料还表明:苏联通过对捷克共和国革命委员会领导层施加影响,对事件的发展产生了间接影响,但这次危机的主要原因在于内部,关于莫斯科直接干涉捷克斯洛伐克的指控是证据不足的。

A.3.阿拉巴尼亚利用最新解密的俄国档案,在国际学术界首次对古巴导弹危机后古巴与苏联之间的矛盾问题进行了研究③。作者

---

① *Францев А. П., В. В. Лебедев* Сравнительный анализ проектов аграрных реформ в советской оккупационной зоне германии и северной Корее（1945－1946）// Новая и новейшая история, 2023, № 4, с.124－137.

② *Юнгблюд В. Т., А. В. Зорин* Февральский кризис 1948 года в Чехословакии в материалах американских спецслужб// Новая и новейшая история, 2023, №4, с.138－150.

③ *Арабаджян А. З.* Противоречия между Кубой и СССР после карибского кризиса: от международной политики до политической экономии// Новая и новейшая история, 2023, №2, с.178－190.

认为,古巴导弹危机之后,确保古巴自身安全依然是个尖锐的问题。为此,古巴甚至试图加入华沙条约组织;古巴在一些国际问题上采取的激进立场,特别是切-格瓦拉在非洲积极推广了游击战术,对世界各国革命运动进行支持的行为,激化了与苏联之间的矛盾;此外,作者还以古巴国内关于经济问题的讨论为例,揭示了苏联和古巴在建设社会主义的方法上存在的矛盾。

另外,在关于冷战时期朝鲜与古巴关系的研究方面,俄国学者也取得了开创性的成果。俄罗斯科学院东方学研究所的 Н.И.马特维耶娃研究员利用最新解密的俄国档案及其他丰富的档案材料对 1960—1965 年朝鲜与古巴的关系问题进行了研究。作者的研究表明,朝鲜与古巴两国的关系并非传统认为的那样是以社会主义团结和反对帝国主义的共同斗争为基础的平等的、兄弟般的关系。在双边关系中,朝鲜无论是在政治、经济领域,还是在科技合作和教育领域都占据主导地位。在 20 世纪 60 年代前半期中苏分裂的背景下,朝鲜在与古巴的关系中与其说是追随中国的路线,不如说是试图在经济和政治问题上加强自己的意识形态和立场。古巴尽管在 20 世纪 60 年代与苏联存在分歧,但对朝鲜的援助承诺并不信任,也不寻求采纳朝鲜的意识形态和经济原则。

四、苏联领导人研究

2023 年,俄国学者关于苏联领导人的研究成果主要是关于伏罗希洛夫和雅科夫列夫的研究。

俄国著名苏联政治制度史专家、俄罗斯科学院俄罗斯历史研究所高级研究员沃伊季科夫在《伏罗希洛夫:在斯大林和托洛茨基之

间》①这部著作中,在对俄罗斯六个档案馆档案资料进行分析的基础
上,对十月革命后国内战争期间沃罗希洛夫与托洛茨基和斯大林之
间的关系进行了研究。作者认为,作为对苏联红军的建立作出过重
要贡献的人物:伏罗希洛夫、斯大林和托洛茨基,他们在 1918—1919
年都面临军事上和政治上的选择。事实证明,作为斯大林在红军中
的"希望和支柱",伏罗希洛夫原本很可能在 1918—1919 年俄共
(布)的内斗争中加入了托洛茨基的政治阵营,但最终斯大林将伏罗
希洛夫拉到了自己一边并使其成为自己的忠实伙伴。

　　如果说《伏罗希洛夫:在斯大林和托洛茨基之间》对俄共早期领
导人之间的相互关系进行了研究的话,那么俄国学者斯涅吉列夫 B.
H.的《亚历山大·雅科夫列夫:改革设计师的党内生活》②这部著作
则对苏联晚期领导人雅科夫列夫的党内生活及其思想转变进行了全
面的研究。作者根据雅科夫列夫个人档案文件和其他俄国档案文
件,以及部分关于雅科夫列夫的回忆录为基础,对雅科夫列夫的人生
经历,对其作为"前线战士—党的官员—科学家—外交官—改革设计
师"的角色、特别是对其在苏共党内 40 年从雅罗斯拉夫尔地区委员
到苏共中央政治局委员期间活动的传奇经历进行了描述。同时,在
对雅科夫列夫人生经历的这些描述中,针对俄罗斯普通民众和精英
阶层中雅科夫列夫的不同态度(一些人认为他是自由之光,是为美好
未来而无私无畏的斗士,是真正的爱国者;而在另一些人看来,他是
共产党的毁灭者,是社会主义的掘墓人,是最敌对的帝国主义势力的
傀儡),作者着重对两个问题进行了研究:1. 为什么雅科夫列夫改变
了对苏共、对社会主义、对马克思列宁主义的信仰? 他是否像戈尔巴

---

① *Войтиков С.С.* Ворошилов между Сталиным и Троцким. М.: Вече, 2023.
② *Снегирев В.Н.* Александр Яковлев. Чужой среди своих. Партийная жизнь 《архитектора перестройки》, Москва: РОССПЭН, 2023.

乔夫改革时期以及 20 世纪 90 年代的许多俄罗斯政治家所认为的那样,是一个"有影响力的代理人"? 2. 在导致苏联解体和社会秩序变革的过程中,雅科夫列夫起到的真正作用是什么?

对于雅科夫列夫在导致苏联解体和苏联社会秩序变革过程中的作用,作者认为,他应该为改革期间所犯的错误承担责任,正如雅科夫列夫本人所承认的一样。雅科夫列夫一贯支持维护苏联,但他低估了破坏性离心倾向的力量,没有考虑到一些主观因素,特别是一些加盟共和国领导人的"总统"野心。他主张苏联经济向市场转变,呼吁尽快在社会主义经济中引入市场要素,并强调了"市场将解决一切问题,使一切各得其所"的论断。作者认为,这种想法是浪漫而轻浮的,对苏联是不利的。他希望早日结束冷战、希望裁军、消除一切对抗根源并支持"新思维",但没有考虑到客观现实,即北约军事集团并没有像苏联领导人所希望的那样在华沙条约组织解体后不复存在。同时,作者认为,雅科夫列夫改革的目的是恢复党内生活的"列宁主义准则"和解决经济问题的方法。但到 20 世纪 80 年代末,苏共中央政治局已经耗尽了资源,最终失去了威望不再是苏联社会的核心力量,这在客观上导致了改革的失败。

总之,2023 年,俄国学者在关于苏联共产党历史档案文献的出版、苏联历史、国际共运史和社会主义国家关系史,以及苏共领导人研究领域都取得了丰硕的成果,这些研究成果不仅揭示了世界社会主义历史发展中一些鲜为人知的历史事实和重大问题,而且对于我们总结社会主义发展道路的经验教训,不断加深对社会主义本质的认识也具有非常重要的现实意义。

俄国学者在关于世界社会主义历史研究中取得的成果是与近年来俄国档案的解密和开放紧密联系在一起的,可以预料,随着俄国档案的不断解密和开放,俄国学者将会在这一研究领域取得更多的新成果。

十年来的越南社会主义
历史研究报告

游　览

　　近十年来,海外有关越南现当代史的研究取得了较为显著的进展。这一时期,研究者们在关注越南的传统政治军事历史的同时,也越来越多地在试图探讨社会、经济、文化等多方面的历史。具体来说,这一研究动态和趋势的主要特点体现在:1.多元视角的引入。相比以往,近十年的研究开始留意从多元文化、环境社会结构和民族关系等角度来审视越南的现当代史。这包括对少数民族、妇女地位,以及不同社会阶层的历史经历的关注。2.跨学科方法的应用:现代研究方法,如口述历史、社会学方法、人类学视角等正在被尝试应用于越南现当代史的研究中。这些跨学科的方法有助于深化对越南历史的理解,揭示更为复杂的社会现象和历史进程。3.国际合作的加强:主要指越南裔学者与其他国家,尤其是东南亚邻国以及欧美国家的学术机构和学者,展开了比以往更为广泛的合作。这种国际合作不仅促进了学术资源的共享,也为越南现当代史的研究带来了新的视角和方法。4.重视档案和历史资料的挖掘:近年来,对历史文献、档案的挖掘和整理工作得到了加强。许多以往难以获取或未被充分利用的档案资料被纳入研究之中，为研究提供了宝贵的第一手资料。5.关注现代化进程和国际关系：随着越南在全球化背景下的快速发展，越南的现代化进程、与世界各国尤其是大国之间的关系成为研究的热点。这些研究有助于理解越南在全球化时代的位置和角色。6.网络与数字资源的利用：互联网和数字化技术的发展为越南现当代史的研究提供了新的工具和平台。大量的数字档案库、在线研究资源的建立，为学者提供了便捷的研究途径。

下面，就海外越南现当代史研究中涌现出的一批具有代表性的研究成果和文献资料进行评介。

一、越南国内的学术研究

在越南国内学术界，能够体现近十年来现当代史研究的代表性成果首先反映在围绕越南现当代史中的一些重要事件展开研究的公开出版的著作中。如由胡志明国家政治学院党史研究院集体撰写的《1968戊申年总进攻和总奋起——历史价值》(*Tổng tiến công và nổi dậy Mậu Thân* 1968 — *giá trị lịch sử*)，河内：国家政治出版社，2018年。该书基于相关的档案文献资料以及见证人的叙述，对1968年春节攻势这个越南战争的关键转折点的历史背景、执行过程，以及它对战争进程和南北越南以及国际政治的长远影响进行了讨论。书中详细描述了攻势的策划和实施过程，对北越发动此次攻势的战略意图和实际效果进行了全面评估，解释了其在越南战争中的转折地位的由来，有助于读者从北越的视角观察和理解越南战争的历史背景和战略转变契机。

由前越南内政部(现公安部)副部长阮明进(Nguyen Minh Tien)撰写的《1954 年关于印度支那的日内瓦会议——当事人的视角》(*Hội nghị Genève về Đông Dương năm* 1954 — *Góc nhìn của người trong cuộc*),河内:国家政治真理出版社,2022 年。阮明进作为 1954 年日内瓦会议参会人员之一,在该书中回忆记述了会议的谈判过程,包括历史背景、会议的进程变化,并针对越南的外交策略总结了相关的经验教训。该书最大的价值就是作者以北越代表团成员的身份通过会议参与者的亲身经历和见证,为研究者考察 1954 年日内瓦会议的政治背景和社会主义国家间的互动提供了一个独特的视角。

由刘文利(Luu Van Loi,前越南外交部部长助理)、阮英武(Nguyen Anh Vu,前越南驻意大利大使)撰写的《巴黎会议前越美秘密接触》(*Tiếp xúc bí mật Việt Nam –Hoa Kỳ trước hội nghị Pari*),河内:国家政治真理出版社,2023 年。该书介绍了越南民主共和国时期最高领导人胡志明、范文同以及一批北越外交官在一些重要历史时刻与各国政要和外交官进行接触的情况,如"巴黎使团""首位美国记者访问北越"等。此外,该书还提供了有关美国总统林登·约翰逊在巴黎会谈前的外交活动信息。有关越南问题的巴黎会谈从 1969 年 1 月 18 日的四方会议开始,直至 1973 年 1 月 27 日的《巴黎结束越南战争恢复和平协定》签署。这本书提供了有关这段历史的相当丰富而珍贵的资料,首次公开了胡志明、范文同以及北越外交官与世界各国政要和外交官的接触情况。

由黎文方(Le Van Phong)撰写的《越南驻老军事专家团的活动(1959—1975)》(*Hoa t đô ng cu a các Đoàn Chuyên Gia quân s Viê t Nam ta i Lào t Năm 1959 đê n năm 1975*),河内:人民军队出版社,2022 年。1959 年,根据越南和巴特寮之间的高级别协议,越南总军委和国防部决定成立 959 军事专家团(成立于 1959 年 9 月),执行对

老挝革命的援助任务。随后，为了提升越南和巴特寮之间的合作，帮助巴特寮建立和巩固政权，463 援老军事专家团（成立于 1963 年 4 月）和 565 军事专家及志愿军团（成立于 1965 年 5 月）相继成立，并派往老挝境内活动。该书即是在利用越方相关军事档案及回忆录的基础上，回顾了上述承担援助老挝革命任务的越南各军事专家团提供军事训练和战略指导，组织和后勤支持方面的活动。该书是对此前出版的一系列有关越南援老志愿部队历史以及相关档案集、大事编年等资料的重要补充。

由越南人民军总参谋部军事历史研究院编写的《保卫祖国西南边境作战中一些战斗总结》(*Tô ng kê t mô t sô trâ n đáng trong chiê n tranh ba o vê biên gi i Tây Nam tô quô c*)，河内：人民军队出版社，2023 年。该书是近几年来较少反映 1977 年至 1979 年越柬战争的军事史研究成果。重点介绍了战争期间，越南军队在越柬边境地区以及柬埔寨境内展开的多兵种参与、多种规模、作战方法、战术形式不同的军事行动，涉及越军与民主柬埔寨（红色高棉）主力部队、游击队以及泰国军队的冲突。该书对越军在这一过程中的军事行动的经验教训进行了总结，特别是越军在组织准备和实施多场战斗的过程中暴露出一些缺陷和不足：敌情评估过于主观，过分依赖火力，消耗大量弹药；使用部队、运用战术、战斗手段以及包围、分割、伏击、拦截的队形部署不当，歼敌有生力量的成果有限，等等，为研究该段历史过程提供了较为丰富的军事历史信息的细节。

由越南人民军总参谋部军事历史研究院编写的《中华民国军队的活动以及越南民主共和国的对策（1945 年 8 月至 1946 年 9 月）》(*Hoa t đô ng cu a quân đô i Trung Hoa Dân Quô c và đô i sách cu a nư c Viê t Nam Dân Chu Cô ng Hòa 8. 1945 - 9. 1946*)，河内：人民军队出版社，2023 年。该书重点关注关于从 1945 年 8 月革命后到

1946 年 12 月 19 日越法战争爆发前夜的越南民主共和国与中国驻越受降部队之间的互动关系。对于此段历史,已有许多国内外学者的研究作品和文章涉及。而本书通过收集到的一批新材料并综合已有的文章和研究成果,讨论了一些之前未被触及的问题如:中华民国军队进入越南的过程;影响中华民国对越南政策的因素;中华民国驻越军队的组织结构、部队成分和活动以及其附属力量;中华民国军队内部关于越南问题的矛盾;越南共产党和越南民主共和国政府在分化和孤立越南国民党等敌对力量方面的政策和对策。为研究国民政府处理对越事务特别是在越受降问题提供了另一个观察的视角。

此外,还有由越南党和国家层面以及军事单位组织编写或修订的大型丛书。如:越南国防部军事历史研究院编:《越南军事史》(十四卷)〔*Bộ sách Lịch sử Quân sự Việt Nam(14 tập)*〕,河内:国家政治出版社,2014 年;越南国防部军事历史研究院编:《越南军事思想史》(五卷)(*Bộ sách Lịch sử Tư tưởng quân sự Việt Nam*),河内:国家政治出版社,2014 年;越南国防部军事历史研究院编:《抗美救国战争历史(1954—1975)》(第三版)(九卷)〔*Lịch sử kháng chiến chống Mỹ,cứu nước 1954 -1975(Xuất bản lần thứ ba)*〕,河内:国家政治出版社,2015 年;胡志明国家政治学院党史研究院:《南部区委和南方局中央历史(1954—1975)》〔*Lịch sử Xứ ủy Nam Bộ và Trung ương Cục miền Nam(1954 -1975)*〕,河内:国家政治出版社,2015 年;越南国防部军事历史研究院编:《抗击法国殖民战争历史(1945—1954)》(七卷)〔*Lịch sử cuộc kháng chiến chống thực dân Pháp(1945 - 1954),tập(1 -7)*〕,河内:人民军队出版社,2002—2017 年;越南社会科学翰林院史学所:《越南历史》(十五卷)〔*Lịch sử Việt Nam(15 tập)*〕,河内:社会科学出版社,2017 年;等等。这些丛书的基本特征是:规模宏大,内容庞杂,时间跨度较长,是越南官方党史、军史编撰的样板。得益于其官方背景，编写者有机会接触到一些不公开的材料，因而其成果中往往可以补充提供一些较新的历史信息，但也因为是官方史著，多有框架束缚，整体视野思路较为程式化，政治色彩浓厚。

除丛书外，近些年来越南党史宣教部门也在继续推进党政军领导人相关年谱、选集、传记等书籍的编撰工作。如再版的《胡志明年谱》（十卷）［*Hồ Chí Minh biên niên tiểu sử（10 tập）*］，河内：国家政治-真理出版社，2016 年；《范雄同志与越南革命和永隆根据地》（*Đồng chí Phạm Hùng với cách mạng Việt Nam và quê hương Vĩnh Long*），河内：国家政治出版社，2013 年；《武志公同志与越南革命和广南根据地》（*Đồng chí Võ Chí Công với cách mạng Việt Nam và quê hương Quảng Nam - Đà Nẵng*），河内：国家政治出版社，2013 年；《朱辉珉大将——军事家和政治家，共产党人的坚贞模范》（*Nhiều tác giả, Đại tướng Chu Huy Mân — Nhà quân sự, chính trị song toàn, người cộng sản kiên trung, mẫu mực*），河内：国家政治出版社，2013 年；《阮志清大将——共产党人的坚贞模范，卓越的领导者》（*Đại tướng Nguyễn Chí Thanh — Người cộng sản kiên trung mẫu mực, nhà lãnh đạo tài năng*），河内：国家政治出版社，2014 年；《阮友寿律师——人生与事业》（*Luâ t sử Nguyê n H u Tho — Cuô c đ i và s nghiê p*），河内：国家政治出版社，2014 年；《长征同志——党和国家的杰出领导人，南定故乡的优秀儿子》（*Đồng chí Trường Chinh — Nhà lãnh đạo kiệt xuất của Đảng, người con ưu tú của quê hương Nam Định*），河内：国家政治出版社，2017 年；《黎德英同志与越南革命及承天顺化故乡》（*Đồng chí Lê Đức Anh với cách mạng Việt Nam và quê hương Thừa Thiên Huế*），河内：国家政治真理出版社，2020 年；《黎清毅同志——胡志明时代的政治家、经济家、军事家、外交家》（*Đồng chí Lê Thanh Nghị — Nhà chính trị, kinh tế, quân sự, ngoại giao thời đại Hồ Chí Minh*），河内：国家政治真理出版社，2020 年。

此外，一些涉及革新开放时期主政的一些领导人的相关历史资料也在近期相继面世。如：《杜梅选集（1976—2016）》（五卷）〔*Đỗ Mười tuyển tập（1976 - 2016）（5 tập）*〕，河内：国家政治出版社，2020 年。此套文集一共五卷，第一卷收录了杜梅在担任越共中央委员会委员、政治局委员、常务书记、政府副主席、主席期间（从 1976 年 12 月到 1991 年 6 月）的演讲、文章和讲话。第二卷收录了杜梅担任越共第七届中央委员会总书记上半任期（从 1991 年 7 月到 1993 年 12 月）的演讲、文章和讲话。第三卷收录了杜梅在担任越共第七届中央委员会总书记下半任期（从 1994 年 1 月到 1996 年 6 月）的演讲、文章和讲话。第四卷收录了杜梅在担任越共第八届中央委员会总书记上半任期（从 1996 年 7 月到 1997 年 12 月）的演讲、文章和讲话。第五卷则包括了杜梅在担任中央执行委员会顾问期间（从 1998 年 1 月到 2015 年）的演讲、文章和意见书。

《陈德良选集》（三卷）〔*Trần Đức Lương tuyển tập（3 tập）*〕，河内：国家政治真理出版社，2021 年。此套文集一共三卷，收录了越南前国家主席陈德良在 1997 至 2006 年任期内的演讲、文章、信函等。其中第一卷包括两部分：一、改革——越南现代发展的正确选择；二、民族团结与保卫祖国。第二卷也分为两部分：三、经济、文化和社会发展；四、安全与国防。第三卷包括三部分：五、对外工作与国际融合；六、内政工作与国家法治建设；七、信件、留言、回忆录。该文集与《杜梅选集》涵盖了越南革新开放时期的大部分阶段，为更进一步了解越南决策层在这一阶段的思路和想法提供了较为丰富的史料。

《武文杰——伟大人格一生为国为民的杰出领袖（回忆录）》〔*Võ Văn Kiệt — Một nhân cách lớn，nhà lãnh đạo tài năng suốt đời vì nước vì dân（Hồi ký）*]，河内：国家政治真理出版社，2022 年；《武文杰同志与越南革命》（*Đồng chí Võ Văn Kiệt với cách mạng Việt Nam*），河内：国家政治真理出版社，2022 年。《革新时期的武文杰印记（档案材料选编）》（*Dấu ấn Võ Văn Kiệt thời kỳ đổi mới*），河内：国家政治真理出版社，2022 年。这三本书是为了纪念越南前部长会议主席、总理武文杰 100 周年（1922—2022）诞辰，其中第三本资料集是越南国家政治真理出版社与越南第三国家档案中心合作出版的。包括三个部分，第一部分主要涉及武文杰在经济领域主持的一些改革工作。如取消交通管制站点，开放货物流通道路；改革银行体系；实施吸引投资政策；赋予国有企业自治权；发展石油天然气、电信、航空业；建设高新技术园区；禁止生产、经营和销售各类烟花爆竹；建设河内国家大学和胡志明市国家大学等。以及关于大型工程项目的决策，如安河电厂、500 千伏北—南输电线路、北 — 南高速公路、西海排洪项目，等等。第二部分主要涉及武文杰在社会文化领域主持的一些改革工作，包括越南民族历史文化的保护、研究；对青年一代的培养教育；解决贫困人口和社会福利问题等。第三部分主要涉及武文杰在外交领域的活动。主要涉及 20 世纪 90 年代中期，领导推动打破越南被包围孤立的状态，与各大国恢复正常关系，加入东盟等。该资料集收入了武文杰在任期间在上述领域的一系列讲话、文章、决议等，对于研究革新开放时期的越南历史具有重要意义。

　　此外，从关注越南现当代史的角度来看，值得注意的还有近些年来，越南官方组织编写的一系列大型文献资料集。具有代表性的包括胡志明国家政治学院党史研究院编写的《越南共产党编年大事记》（七卷）（*Biên niên sự kiện Lịch sử Đảng Cộng sản Việt Nam*），河内：国家政治真理出版社，2021 年。该套大事记共七卷，全面概述了越南共产党历史上的重大事件，反映了越南共产党在各个阶段的领导工作,从阮爱国寻求救国之路,接受马克思—列宁主义的传播到工人运动和爱国运动,准备并主持成立越南共产党起,时间下限至 2010 年。该大事编年一方面继承了已出版的越共的历史年鉴,另一方面又选择、调整和补充了越共党史上的新事件和研究。其中不仅记录了反映越共的纲领、观点和路线的事件,还包括越共在夺取政权、抗法抗美斗争、建设社会主义以及在领导革新开放、推进工业化、现代化和国际一体化过程中一系列活动,是反映越共党史资料汇编工作的最新成果。

与大事编年相对应的还有由越南共产党中央多部门组织汇编的《越南共产党文件全集(1924—2020)》(六十九卷)〔*Va n kie n a ng toàn ta p(ta p1 - 69)*〕,河内:国家政治真理出版社,1998—2020 年。该套档案资料集目前已公开出版六十九卷,时间下限至 2020 年,详细记录了越南共产党从成立至今的各种政策决策、会议纪要和重要领导人的讲话。对研究越南的政治历史和党的发展具有重要意义,是研究越南近现代史、政治学和社会学的重要资料。今年,越共中央已作出决定,对该系列档案集进行修订增补。其中,要对 1924 年至 2010 年期间的文件进行了修订和补充,增加近 1 800 份文件,从 69 卷扩充至 70 卷,同时,补充 2011—2020 年间文件,使总卷数扩充至 80 卷。增补的档案文献包括:越共全国代表大会的文件;中央执行委员会会议的文件;政治局、中央书记处的决议、指示、决定、规定、结论、通报、电报、信件等;越南党和国家高级领导人的讲话和演讲;中央执行委员会、政治局、中央书记处以及党和国家领导人个人关于国家重大事件的电报和信件;越共与其他党派、国家的共同声明等。预计重新修订的此套档案资料将于 2030 年完成,以庆祝越南共产党成立 100 周年。

此外,近几年越南共产党中央还组织编写了另外两套大型文件集。一是《越北联区区委文件(1946—1956)》(九卷)(*Văn kiện Liên khu ủy Việt Bắc giai đoạn 1946 -1956，Tập1 -9*)，河内：国家政治真理出版社，2020 年。该套材料涵盖了越南北部地区在 1946 年至 1956 年间的政治活动和历史事件。这一时期对于越南来说是极为关键的，标志着越南从法国殖民统治中独立以及随后的国内整合和社会主义改革的开始。这套文件集提供了关于越南独立后初期政治决策和活动的第一手资料，对研究越南现代历史尤其是抗法战争和越南战争的背景具有重要意义。通过这些文件，研究者可以更深入了解越南北部地区的政治动态，以及越南共产党在该时期的政策和策略。同时这些文献也反映了这一时期越南北方的文化和社会状况，如教育、经济发展以及民族问题等方面。

二是《1946—1975 年阶段南方局中央文件》(十八卷)[*Văn Kiê n Trung ương Cu c Miê n Nam giai đoa n 1946 -1975 (tâ p1 -18)*]，河内：国家政治真理出版社，2020 年。该套档案集主要涉及越南南部地区在抗法和抗美战争时期的重要文献资料，涵盖了从法国殖民时期结束、越南分裂为南北两个政权，到越南战争期间的复杂政治、军事和社会变迁。这套文献集中记录了越南共产党在南越地区的政治活动、战略决策以及与北越及其他国际势力的互动。它们为研究越南战争、冷战时期东南亚的国际关系提供了较为丰富的第一手材料。通过这些文件，研究者能够更清楚地看到越南共产党如何在南越推动其政策，以及在对抗美国及其盟友的过程中的策略调整；同时也有助于对越南南部政治和社会历史进行更全面、更深入的理解，特别是关于越南战争和南北越分裂的复杂性的理解。

以上各文献资料集是近几年来越南官方党史军史编写工作成果的集中体现，对于研究者来说，此类材料的出现在一定程度上弥补了越南官方历史档案普通人难以触及的问题。但总体来说，这些编撰工作都是在越共中央宣教委员会指导下进行的,其主要目的是进行宣传教育,材料的遴选和编撰都经过了严格审查,以确保政治上不会出现错误。这也决定了这些公开面世的文献资料对于完整认识和深入了解相关历史问题是远远不够的,甚至是有明显偏颇的。这也是需要研究者特别注意的地方。

二、英文世界的学术研究

在研究性著作方面,英文学术界的成果相对集中,也更加丰硕。按时间顺序罗列如下:

1. 大卫·G.马尔(David G. Marr)的《越南:国家、战争与革命(1945—1946)》[*Vietnam: State,War,and Revolution*(1945 - 1946)](2013)——该书从全球视角出发,重点分析了 1945 至 1946 年间越南的国家建设、战争及革命进程。作者认为这一时期是越南历史的转折点。第二次世界大战结束后,越南面临着复杂的国内外形势。在国内,越南共产党领导的八月革命推翻了法国殖民统治,建立了民主共和国。然而,国家建设之路充满挑战。在国际上,战后秩序重建,冷战格局初现,大国博弈加剧,给越南的发展带来诸多不确定性。本书的一大亮点是广泛使用了越南、法国、美国等国的档案资料,为读者呈现了一个多视角、立体化的历史图景。作者深入剖析了各方势力的利益诉求与矛盾冲突,展现了越南实现民族独立的艰难历程。

2. 皮埃尔·阿塞林(Pierre Asselin)的《河内通往越南战争的道路(1954—1965)》(*Hanoi's Road to the Vietnam War*,1954 - 1965)(2013)——该书详细研究了越南战争升级前的十年间,越南民主共和国(北越)政府在外交和决策方面所扮演的角色。作者利用了大量新的越南档案资料，挑战了一些传统观点，提出北越在越战爆发过程中并非被动的一方，而是有其自身的战略考量和政治诉求。这本书为理解越战起源提供了一个新的视角，突出了北越政府的能动性和复杂性。

3. 克里斯多佛·高夏（Christopher Goscha）的《新越南史》（*Vietnam: A New History*）（2016）——该书从一个全新的视角审视了越南从古至今的历史，分别讲述了越南的早期历史、中国统治时期、法国殖民时代、独立斗争、越战以及战后的发展。作者利用大量的史料和研究成果，为读者呈现了一幅越南历史的全景图，从学术的角度详细分析了越南历史上的重要事件、人物以及文化特征。该书不仅讲述了政治和军事方面的历史，也关注了越南社会、经济、文化等各个层面的发展变迁，为读者全面了解越南历史提供了较为丰富的资料和独特的视角。

4. 武有详（Tuong Vu）的《越南的共产主义革命：意识形态的力量与局限》（*Vietnam's Communist Revolution: The Power and Limits of Ideology*）（2017）——该书深入探讨了越南共产党自20世纪初以来如何运用并受制于其意识形态以推动其革命和国家建设目标的著作。作者通过对越南历史的细致研究，展示了越南共产党是如何在不断变化的国内外环境中，利用马克思列宁主义框架来指导其革命策略和国家政策的。

5. 杰弗瑞·C.斯图尔特（Geoffrey C. Stewart）的《越南失去的革命：吴庭艳建立独立国家的失败（1955—1963）》（*Vietnam's Lost Revolution: Ngô Đình Diệm's Failure to Build an Independent Nation*，1955 - 1963）（2017）——探讨了吴庭艳时期南越政权面临的各种挑战和困难，包括政治动荡、社会分裂、经济困境……书中分析了吴庭艳的领导方式、决策过程以及他与美国等外国势力的关系，揭示了导致其政权最终失败的复杂因素。这本书为理解越南现代史中的一段关键时期提供了富有价值的见解。作者使用了大量的一手资料和档案文件，对吴庭艳时代进行了深入而全面的研究。在此基础上，本书挑战了一些传统观点，为理解越南现代化进程中一段特殊时期提供了新的视角。

6. 戴维·比格斯（David Biggs）的《战争的足迹：越南的军事化景观》（*Footprints of War: Militarized Landscapes in Vietnam*）(2018)——该书通过大量的实地考察和第一手资料，深入探讨了越南战争对该国自然景观和社会生态的长期影响。作者通过细致的研究和分析，揭示了战争如何深刻地改变了越南的土地，以及这些改变如何持续影响着当地社区的生活和发展。这本书不仅仅关注于战争期间的破坏，更重要的是，它探讨了战后越南如何努力修复其受损的自然环境和重建社会。作者详尽地记录了军事化景观的各种形态，包括化学物质的使用、地雷和未爆弹的遗留问题，以及对森林和农田的破坏等，从而为更好地理解战争对环境的长期影响，以及这些影响对越南人生活的具体意义提供了一个广泛而深入的视角。

7. 皮埃尔·阿塞林（Pierre Asselin）的《越南的美国战争：一段历史》（*Vietnam's American War: A History*）(2018)——该书在广泛引用越南和美国的历史档案、口述历史材料以及相关研究成果的基础上，从越南的视角出发，详细分析了越南战争的起因、发展以及对越南社会的深远影响。为读者呈现了一个多角度、立体化的越南战争史。全书主要分为三个部分：第一部分介绍了越南的历史背景，以及法国殖民统治下的越南民族解放斗争；第二部分重点讲述了美国介入越南战争的过程，以及战争期间的重大事件；第三部分则分析了战后越南的政治、经济和社会变革。书中不仅有宏观的历史分析，也包含了一些个人的经历和故事，从而有助于读者更加深入地理解这场战争对普通民众生活的影响。

8. 弗吉尼亚·莫里斯(Virginia Morris)及克莱夫·A.希尔斯 (Clive A. Hills)的《胡志明的革命蓝图：越南战略家和特工的话语》 (*Ho Chi Minh's Blueprint for Revolution: In the Words of Vietnamese Strategists and Operatives*)(2018)——该书主要探讨了越南革命的 策略问题和实践问题。作者通过分析大量的一手资料，包括胡志明 的演讲、文章、信件和采访等，展现了胡志明及其追随者如何规划和 执行革命。通过对这些材料的分析，该书揭示了胡志明及其团队在 革命过程中的战略思维和决策过程。书中详细阐述了他们如何动员 群众、组织抵抗运动、与外国势力斡旋，以及应对各种挑战和困难等。 从而为深入了解越南革命的内在运行机制提供了一个独特的视角。

9. 李小兵的《建设胡志明的军队：中国对北越的军事援助》 (*Building Ho's Army: Chinese Military Assistance to North Vietnam*) (2015)——该书作者凭借其研究背景和军事历史专长，利用了较为 丰富的第一手资料，包括中国官方档案、公开出版的中国领导人的著 作、年谱和回忆录、与一些当事人如参与援越活动的中方负责人员、 退伍军人的访谈等，探讨了在越南战争期间，中国向北越提供军事援 助的历史。该书讨论涉及了中国军事顾问团在越南的活动，以及中 国提供的武器装备和后勤支援对北越军队的影响。书中还分析了中 国援助的政治动机，以及这种援助对中越关系的影响。当然，从档案 文献的发掘利用程度的程度来说，中方以及越方的文献还有进一步 拓展的空间，但总的来看，该书为探索越南战争后期对中国和越南 地缘政治产生影响的背景原因，以及为理解中国在越南战争中的角 色提供了具有一定价值的见解。

10. 阿莱克·霍尔库姆(Alec Holcombe)的《越南民主共和国的 大规模动员(1945—1960)》(*Mass Mobilization in the Democratic*

Republic of Vietnam,1945 - 1960)(2020)——该书主要探讨了越南民主共和国成立后至 1960 年期间,越南劳动党如何通过大规模社会动员鼓动民众参与革命和建设社会主义的过程。该书在利用大量越南公开文献资料的基础上分析了越南劳动党在群众动员方面的策略和方法,包括政治宣传、组织基层党组织、发动土地改革等,同时还讨论了这些动员措施对越南社会和经济发展的影响。尽管在文献资料的利用上还存在一些不足,比如对于中苏等国相关材料的利用还有所欠缺,但这本书对于理解社会主义革命时期越南北方的政治史和社会史依然具有一定的意义。

三、总　结

从整体研究状况来看,目前越南现当代史的海外研究群体中,西方学术界与越南国内研究者构成了矛盾体的两面。英语世界的学者们在研究视角和方法上显然是走在前列并在试图取得更进一步的成果,但在文献资料方面,受现实政治因素和自身认知条件的限制,即便西方学者在努力打破固有的困境,想要充分利用和解读越南现当代史中的档案资料依旧存在不小的困难。相对来说,越南国内具有官方背景的研究者们在一定程度上享有能够接触到一定层次的内部资料的特权,但受官方意识形态的约束,大部分研究依然过于依赖官方的标准叙述,缺乏批判性视角,从而限制了学术研究的自由度和多样性。同样的,越南国内的历史研究在方法论和理论应用方面也相对保守,缺乏足够的创新,从而导致了在越南的现当代历史研究中,政治和军事历史往往占据主导地位,注意力主要放在国家层面的重大事件和人物上,而对地方历史和普通民众的生活经历关注不够,影响了对历史全貌的把握和理解。导致这一现象的原因是多方面的，但其中很重要的一点是西方学术界与越南国内研究主体之间依然存在着巨大的鸿沟。受语言障碍、资金支持不足、学术规范差异等影响，传统越南学者在国际学术界的话语权还比较有限。而想要在短时期内从根本上改变这一状况，显然并不是件易事，但可以设想的是，在西方学术界与越南国内学者这两端之间还应当听到来自其他研究群体的声音。这里，凭借着更为成熟的国际化的研究实践以及与越南更为接近的文化心理和政治背景，来自中国的研究者理应在越南现当代史研究的领域中发挥优势并占据一席之地，争取在可预见的未来构建属于自己的研究话语体系。

附录 "第二届中共组织史研究学术工作坊"综述

韩 栋

2023年3月25至26日,由华东师范大学社会主义历史与文献研究院举办的"第二届中共组织史研究学术工作坊"以线下会议的形式在华东师大闵行校区召开。开幕式由华东师范大学社会主义历史与文献研究院教授满永主持,华东师范大学历史学系党委书记、社会主义历史与文献研究院副院长瞿骏教授致开幕词。

本次工作坊以"中共组织史研究"为基本议题,共收到学界投稿近百篇,经遴选,共有18篇文章入选参加工作坊。工作坊按研究论题分为七场讨论,并邀请中国社会科学院、安徽大学、北京师范大学、国防大学、哈尔滨工业大学(深圳)、杭州师范大学、华东师范大学、华中师范大学、南京大学、上海大学、浙江工商大学、中国人民大学、中共中央党校、扬州大学等单位的多位专家学者进行评议。每场讨论既有作者互评,也有与会专家自由评论。本届工作坊一如上届,本着"实事求是、畅所欲言"的原则,评议以批评和建设性意见为主。

一、组 织 与 发 展

众所周知,在 20 世纪中国革命与社会主义建设进程中,中国共产党建构了一套特点鲜明且行之有效的组织体系和组织机制,这套组织架构不仅推进了中国革命和社会主义建设的胜利过程,也不断推动中共党组织自身的发展。关于组织与发展的讨论,一直是中共组织史研究的热点议题。杭州师范大学王才友《边缘革命:中共东阳党组织的嵌入与限界(1923—1928)》一文,以中共东阳早期党组织为案例,通过爬梳当事人的回忆录、报刊以及各机构所编写的资料,呈现并分析了中共边缘地带革命中乡缘、学缘等地方社会环境因素在历史发展脉络中的复杂面向,以及组织在中共早期革命中的重要作用。这种边缘革命案例的研究不仅丰富了中共早期历史研究的层次,也在方法论上对中共组织史研究进行了有益的探索和拓展。北京师范大学孙会修质疑东阳作为边缘革命的案例的典型性,并建议可以与莫斯科中山大学"反对江浙同乡会事件"进行对比思考。华东师范大学李里认为,王才友的文章为革命史置于"地方基层冲突"视角中研究提供了一个很好的典型,但要尤为关注 1927 年中共革命理念的偏移对党组织传统地方性斗争认知和利用的影响。南京大学李里峰同样认为需要对"边缘革命"的概念进行界定,并建议对边缘革命与中心革命的辩证关系进行探讨,以升华文章的结论。

华中师范大学王龙飞《中共早期组织扩展的时空格局(1920—1927)》一文以中共早期的发展历程为线索,从组织的纵向层级延伸和横向空间扩展两个角度出发,探求早期中共组织发展的历程和工会组织、社会网络、国民革命、共产国际代表等内外影响因子在其中的作用。华东师范大学张仰亮认为,可以从北洋政府当局、五卅运动和共产国际的策略这三个研究角度出发,进一步丰富中共早期组织扩展因素的解释。李里峰和李里都肯定了王龙飞的文章选题,但认为还需要进一步探究早期中共组织拓展的复杂因素和曲折过程,尽量避免必然性的简单化论述和阐释。

李里《中共白区党员的疾患情况及组织影响(1927—1935)》关注 20 世纪二三十年代白区党员群体的疾患问题,考察白区党员的健康状况以及党组织对党员疾患的因应,以在认识地下工作的坚决性、复杂性与特殊性的基础上,从医疗史角度剖析党员疾患境况与党组织运作之间的复杂互动,从而把握中共党组织演化的阶段性特征。上海大学的杨阳肯定了李里的选题,认为文章的梳理并非就事论事,而是从组织运作和社会文化的角度进行了剖析和拔高,并关照了社会文化意义和当事人的心理状态。他建议可以就党外就医和苏区干部到白区就医两个问题,从就医的网络、路径上拓展研究。李里峰认为可以从疾病资料文本的生产入手,延伸白区党员疾病原因的研究,从而反推当时白区党员疾患的真实状况。

二、组 织 的 技 术

中国共产党从最初的五十多名党员,发展到现在成为世界上最大的政党,究其原因技术是很重要的一个因素。在以往的中共党史研究中,往往把组织的技术归纳为党的建设,而本次工作坊进一步强调和突出了技术在党组织发展和具体实践中解决实际问题的作用。

中国社会科学院吴敏超《崇高理想和踏实作风:〈共产党人〉与党的建设》从抗战时期中共创建《共产党人》刊物入手,探求中共在统战工作中如何灵活运用技术性的手段,达到党的建设、群众工作和统战工作一体推进的。哈尔滨工业大学(深圳)李翔从文章标题以及参考文献的进一步挖掘两方面提出了修改意见。李里认为可以通过《共产党人》与其他刊物的对比,介绍《共产党人》刊物的抗战背景以及作品作者级别、刊物下发层级的特殊性等方面,来凸显该刊在组织中的重要性。满永认为可以从《共产党人》创刊的社会环境和契机上对文章进行主题强化和细节优化。李里峰认为《共产党人》杂志创刊可能与毛泽东思想经典化的过程有关。浙江工商大学游海华认为可以从《共产党人》刊物受众角度来增加文章的厚度。

孙会修的论文《中共旅莫支部的互相批评与训练(1921—1926)》以丰富的俄罗斯档案为基础,通过梳理旅莫支部互相批评的详情及其对后来中共批评制度定型的影响,来探求互相批评这一组织技术在中共党组织干部训练中的作用。李里肯定该文的完成度很高的同时,从以下三点对中共旅莫支部的互相批评制度这一组织技术提出了思考:第一,旅莫支部的自我批评制度是在一个相对封闭环境下推行的,是否要考虑自我批评这套技术运用推广的效果与环境之间的关系;第二,批评作为中共组织训练的重要内容,与中国传统的面子文化之间的张力,可以作为该研究进一步挖掘的内容;第三,旅莫支部的撤销与批评制度的过度有关,技术运作怎样在组织中达到一个平衡应当成为在今后组织技术史研究中着重关注的内容。张仰亮认为文章可以增加旅莫支部与国内批评制度的比较,以更好地突出中共旅莫支部互相批评制度在组织技术上的特点。

杨阳《中共党内教育组织体系的起源(1920—1926)》着重考察党校成立前中共早期党内教育体系的组织模式,通过梳理发现在 1920年至 1926 年间,中共早期教育组织先后经历了从马克思主义(学说)研究会和上海社会主义青年团到以教育宣传委员为核心,以马克思主义研究会和社会科学研究会为外围组织的教育体系,再到由教育宣传委员会主导,过渡为教育宣传委员会、训练班与支部教育协同推进三轨并行的嬗变过程。王才友在肯定论文选题的同时,认为可以从党内教育起源的考证,"党团"这一词汇的界定、勾连马克思主义(学说)研究会和马克思主义研究会外围组织与中共党内教育的关系、补充丰富当事人的回忆资料等方面进一步完善论文。李里认为可以通过挖掘联共布的资料来进一步确定史料的源流。满永认为文章应该通过进一步考察党内教育落实情况来探究早期党组织是否真的有能力完成系统党内教育。李翔建议作者应当在现有材料基础上,结合其他学科的研究方法,以增加文章的角度和张力。

三、组织与制度

中国共产党的组织与制度的沿革与历史探究一直是中共党史、新中国史、改革开放史和社会主义发展史的重要内容,本次工作坊亦不乏关于此议题的佳作。中国社会科学院李在全《中华人民共和国初期司法队伍的组建》通过对新中国成立初期中共司法队伍组建过程和干部成分的考察,探求中共组织与制度建设中的弹性与界限。华东师范大学刘彦文认为可以从司法系统内刊的利用、中华人民共和国成立初期司法队伍建设与改制同政治运动的关系两个方面,对今后的中华人民共和国司法史研究加以推进。满永从司法与政治的关系这一角度,是未来进一步探索新中国成立后司法史研究的新路径。

中国人民大学李坤睿《"有利于集权"的分权——新中国成立初期北京市建筑工人调配问题与制度博弈(1951—1954)》利用丰富的北京市档案和公开出版资料,从新中国成立初期北京市建筑劳动力的调配入手,探究新中国初期央地关系和条块关系的复杂面向。满永在肯定将劳动力的调配作为展现央地复杂关系切入口的同时,认为文章整体论述只集中在央地关系,而很少涉及条块关系;另外文章第三部分作者意图呈现外来劳动力进京务工问题上北京与外地的博弈,可是在具体行文中却只看到了北京单向度视角,而且该部分的内容已经不仅仅是劳动力流动的问题,更多地应该看作人口盲流问题,因此需要调整文章结构,以在讨论重点上聚焦。

南京大学黄骏《1950 年代初期省级干部视野下的基层干部生成——以苏南公学为考察对象》以新中国成立初苏南公学为例,通过对该校学员的来源、入学时的心态,校方对其进行思想改造的方式与效果以及毕业后的工作去向等内容的考察,探索中共兼具原则性与灵活性的组织原则。华东师范大学樊建政认为文章以苏南公学为个案进行讨论应突出该校的典型性,另外有关中共新干部与国民党留用人员的关系、外来干部与本地干部的关系都应该是需要进一步讨论并明确的议题。满永提示在干部学校研究中应该补充相关口述和文史资料,以使文章更加立体、多层次。中共中央党校齐小林除认为可以调整文章平铺直叙的书写方式以使文章更具吸引力外,还应考虑在新中国成立初期中共干校中怎样树立正统观念的教育内容。王才友建议文章可以在与其他地方公学的对比以及中央设立苏南公学的考量和华东地区地域特殊性上加以思考修改。

四、组 织 与 军 事

党组织领导下的军事斗争被毛泽东总结为中国共产党革命斗争的重要经验,也是中共党史研究中经久不衰的议题。在新的史料和方法论下,本次工作坊有三篇文章对这一议题进行了讨论。国防大学李雷波《从概念到建制:中共对"华中"区域概念的认知与建构》通过关注"华中"区域概念在战争与革命交织的近代语境下产生,以及从概念走向建制,对现代中国分区概念体系产生重大影响的过程,探讨中共抗战中的军政实践与区域认知之间的双向形塑。吴敏超认为对于"华中"的概念流变除了可以从地理上进行梳理外,还可以从精神层面对文章进行提升。李军全认为文章标题的"建构"带有目的性和主观性,文章讲的战时需要应该更加强化和厘清中共是否带有目的性以及目的性背后的深层次原因。齐小林认为应该进一步挖掘"华中"区域建构背后的复杂性,从军事、政治、经济以及技术等因素来考证这一概念从地理到建制的内在原因。

游海华《危局应对:抗战后期中共琼崖的区军政委员会》通过梳理抗战困难时期中共成立琼崖区军政委员会的历史,从组织史角度探求中共在革命年代战时状态下,应对危局和开辟新局的组织创新与制度创新。李坤睿肯定文章从个案中去探寻军政委员会这一组织机构的开创性,认为可以从更长时段和中共中央与琼崖根据地对琼崖区军政委员会的态度两个角度拓展研究。王才友同样认为不能抽离琼崖区军政委员会与中共中央的关系,只将视角聚焦在琼崖当地党组织。吴敏超认为文章标题可以进一步完善,并且行文中需要继续挖掘党和区军政委员会的曲折性经历,以更客观地评价该组织的作用。

李翔《中共东江抗日武装力量的创建及特征》以华南游击队中实力最为突出的东江纵队为研究对象,探究其作为非典型中共抗日武装力量的创建过程,并以此为案例考察中共在华南与华北、华中创建武装力量的不同模式及因由,以丰富抗战时期中共创建武装力量研究的多重面向。李雷波认为行文中应该进一步厘清南方委员会、南方、华南等机构和区域概念;其次关于华南抗战和新四军的问题很复杂,应当将新四军和华南抗战武装加以区分;此外文中论述东江纵队利用旧政权和旧军队等地方力量创建和巩固武装时,应该考虑到中共对地方自卫武装的利用;最后李雷波还提示可以运用比较的视野,通过与华北、华中抗日武装的对照来彰显东江纵队的特色。游海华认为文章可以在地理概念以及军队成立时间等细节上进一步完善。王龙飞建议可以将东江纵队与地方政权的勾连作为下一步研究的重点。

五、组织的活动

组织的运作与目标是通过活动实现的,本次工作坊有三篇有关组织活动内容的论文入选。安徽大学贾牧耕《组织视角下鄂豫皖苏区武装工作便衣队再考察》通过挖掘地方未刊档案资料,对鄂豫皖苏区便衣队这一特殊武装的历史进行了详尽的梳理,不仅重现了鄂豫皖苏区便衣队的组建契机、组织特征、组织实态,还进一步讨论了在革命年代复杂斗争环境下,中共对基层武装组织活动的灵活性变通。满永认为需要调整综述安排,以更好地体现出文章的对话意识,另外需要强调鄂豫皖苏区的特殊性,以与小标题的地方性内容相适配。在行文上满永建议需要注意细节,以使材料的使用和论述相互匹配。张仰亮提醒作者在写作习惯上要注意避免过于饱满的表达,在史料处理上要进一步精细化,以更好地呈现便衣队与党组织的互动关系。游海华认为需要考虑便衣队是不是游击战争的另一种形态及其与土匪、秘密会社武装的区别。

中国社会科学院徐志民《抗战时期中共沈阳地方党组织活动考》将抗战时期位于敌占区的沈阳中国共产党地下组织作为研究对象,

除提出沈阳中国共产党地下组织的具体史实方面的疑问供与会者思考外，还从方法论上对日据时代共产党地下组织的研究提出了自己的见解。郝江东针对徐志民文章中"共产国际与苏联在中共地方党组织的关系"等问题从史料和史实上做了解答：由于共产国际怀疑中共满洲省委被日伪渗透成为日本人的间谍机构，在 1936 年 1 月将其解散。此后东北的党组织就陷入四分五裂的状态，失去了统一的党组织。

六、路 径 与 反 思

除实证研究外，针对组织史的方法、资料、存在问题等研究范式内容的探讨，亦是本次工作坊的主要讨论内容之一。针对组织史的研究路径，满永《"灰色地带"——组织史研究的弹性与张力》提出三个问题供与会学者思考：第一，用组织史抑或制度史哪一概念来表述历史学视角下中共的组织设置及组织运行这一研究对象更为准确；第二，组织史需要研究什么，以及组织史研究的问题关怀是什么？这两个体现中共组织行为张力与弹性的问题是组织史研究进一步明确的问题；第三，中共借用模糊政策建构的不确定政治空间，为何能够发挥效应，即如何理解生活政治与主旨行为的文化依托。游海华认为是用组织史这一概念比较好，在他看来组织史不仅是传统认知上中共组织的发展与建设过程史，还拓展了组织活动等主题，可以涵盖中共党史的方方面面。对于中共模糊性政策现象，游海华认为可以从追溯这是中共在革命中的主观设计还是客观环境导致这一局面，进一步深入挖掘思考。瞿骏认为对"组织"的理解和研究大致经历了一个从名词到动词到主语的过程，最开始研究者对组织的理解是一个名词性的研究课题,在此基础上学界又将组织史研究推进到"如何组织"这一层面,从这个维度来说组织就变成了一个动词,而满永文章的思路则是将组织作为一个影响中共历史进程、无处不在的主语,既包含名词成分,又囊括动词特性,从这个意义上来说组织史是完全可以涵盖制度史的。

齐小林《中共革命史研究的进路》一文以技术史为切入点探索中共革命史研究的新角度。通过以往研究积累与思考,齐小林认为:1. 中共革命与当时世界的技术变革并不完全隔绝,甚至存在着千丝万缕的联系,中共的一些高层领导人有着强烈现代技术的意识,因此中共在革命年代甚至有意识地注重和运用先进技术;2. 专题史研究需要有物质和技术层面的考虑,考察物质技术与社会发展、个人生活的联系。基于以上认识,齐小林认为技术史可以成为包括党史在内其他领域研究的重要内容,技术是一切进步的基础。李里峰认为齐小林的文章是中共革命史研究很好的方法论探讨,他就技术视角怎样应用到中共党史研究中谈了自己的看法,认为要厘清并处理好三组张力:首先是认清宏观与微观的问题,一般研究者认为技术是微观的,但很多研究恰恰是深入到微观才能为宏观研究提供很好地解释思路,微观技术与宏观体系如何联系起来,本身也隶属于技术史范畴;其次是分清技术的虚与实,实实在在的物质技术与虚的技巧方法技术可以结合起来认识和研究中共历史;第三是要把握"道"与"术"的关系,"术"是技术,是为了解决实际问题的方法,而"道"是意识形态的内容,中共很多历史体现的正是坚持意识形态与允许技术多样性的对立统一。在此基础上,李里峰还建议可以把现象学研究的旨趣纳入技术史和中共党史的研究,以更好地把握历史事件本质与直观的勾连。李里认为技术史研究可能需要走出历史学出身的舒适区,以对技术的基本知识有所把握和了解。

　　李军全《中共纪念史研究的高昂与隐忧》针对中共纪念史研究中单个节日研究同质化和解释逻辑千篇一律的现象提出了自己的看法和担忧。他认为造成这一不足的缘由是研究者将纪念日本质定性为政党政治史的认知造成的，要打破这种研究困境需要把纪念日研究的重点放到实践，而实践的主体既包含政党也包括普通的百姓，只有这样才能将社会文化环境纳入进来，以呈现纪念日的复杂性。王龙飞佩服李军全文章中对自己研究领域刀口向内的反思精神，并建议可以借用张力和限界的研究理念，来呈现纪念史研究的复杂性和边际效益。瞿骏认为需要观照纪念日的主体，即"哪些人借助纪念日来达到什么目的"这一角度来推动纪念史研究的闭环效应。李里峰认为可以借助人类学和新文化史的研究方法打破现有纪念、节庆研究中单纯罗列材料、泛泛而谈的困境。

　　在圆桌讨论环节，对于中共组织史模糊性建构问题，李里峰认为这是一种马克斯韦伯所讲的官僚制度科层化与现有扁平化的有机结合的运作模式造成的。吴敏超认为应当从党长时段历程中探究地域性、民族性对这种模糊化的影响。孙会修认为中共历史上机构的频繁变迁，实际上是在适应组织内部的变化，而这种模糊性恰恰是组织韧性的表现。在工作坊的最后，与会的专家学者就组织史研究的前景谈了自己的展望和期待。李里认为现有中共组织史研究虽然体量庞大，但是如何打破原有逻辑，汲取其他学科研究范式，建构中共组织史的方法论，是未来组织史研究的重要方向。李里峰认为在组织史研究中要兼顾结构和脉络以使得中共组织史研究更加丰富。郝江东认为组织史研究要有国际视角，应当在确保理论结构时注重史实支撑。